여호와의 증인의 정체와 상담

여호와의 증인의 정체와 상담

진용식 지음

추 천 사

서영국 목사

예장고신총회 이단대책연구소 소장
한국장로교총연합회 이단대책위원장

한국교회와 성도를 지키고 여호와증인을 살려낼 책입니다.

제 목회인생과 이단연구에서 가장 소중한 만남이 있다면 진용식 목사님을 만난 것입니다. 청년 때의 이단에 관한 관심과 복음에 대한 깊은 관심이 목사님을 만나면서 꽃을 피웠습니다. 한국 교회사에 이단에 대한 연구의 글이 여러 편이 나왔으나 이단을 회심시키는 일까지 복합적인 글이 나온 것은 거의 보지 못했습니다.

진 목사님은 수십 년의 이단과의 영적 전쟁에서 바른 신학과 신앙적인 체계 속에서 여러 권의 저서를 펴냈습니다. 펴내는 저서마다 한국교회와 목회자에게 꼭 필요한 것이었습니다. 직접 이단에 빠진 자들을 건지는데 반드시 참고해야 할 연구서였습니다. 이단을 경계하는 생각 정도는 모든 목회자들이 가지고 있으나 무엇 때문에 이단인지 성경적 근거를 잘 모르

추천사 5

는 경우가 많습니다. 이단들이 주장하는 거짓 사상을 어떻게 반증을 해서 건져낼 수 있는가는 쉬운 일이 아닙니다. 전문적으로 배우지 않고는 할 수 있는 일이 아닙니다. 여기에 반드시 읽고 연구해서 사용할 수 있는 자료가 진 목사님의 이단연구 서적입니다. 더군다나 진 목사님은 철저히 개혁주의 입장에서 판단하고 반증하고 세워나가는데 굉장히 도움이 되는 글을 쓰시는 분입니다. 자신의 일방적인 생각을 주장하지 않고 개혁주의 신학을 근거해서 모든 글이 쓰이고 있어서 대단히 기쁜 일입니다.

이런 과정에서 이번에 여호와 증인의 정체와 그들의 잘못된 주장을 낱낱이 파헤치는 새로운 저서가 출간되는데 대하여 기쁨과 감사를 멈출 수 없습니다. 여호와 증인은 이단이라는 일반적인 의식 있는 많은 분들에게 이단교리의 근거를 정확히 제시하였고 성경적으로 무엇이 잘못되었는지를 나타내고 있습니다. 여호와 증인의 주장이 거짓임을 드러내서 성경적인 바른 사상을 증명하고 잘못된 부분을 확실하게 바로잡아주고 있습니다. 모든 목회자들이 교육적인 저서로 쓰기에도 너무 좋습니다. 실제로 여호와 증인에 빠진 사람들을 바로 잡아주고 회심시킬 수 있는 완벽한 반증이 있습니다. 여호와 증인들이 길거리 포섭을 통해서 많은 사람들을 데려다가 여호와 증인을 만들고 있습니다. 자신들이 속한 정부를 적국으로 보게 해서 양심적 병역거부라는 미명하에 군 입대를 거부하게 하고 있습니다. 거짓된 이단교리로 많은 사람을 미혹해서 교회와 사회를 어지럽히고 있습니다. 하나님의 은혜의 복음을 대적하고 있습니다.

진용식 목사님의 저서는 여호와 증인의 문제를 알고 바른 진단을 했습니다. 이단대처에 목마른 모든 목회자들에게 큰 힘이 될 것을 확신합니다. 여호와 증인을 회심시킬 뿐 아니라 우리 성도들을 바로 무장시키는 교재로 너무 좋을 듯합니다. 하나님께서 심히 칭찬하실 글이라 믿어 의심치 않습니다. 이 글을 보는 모든 목회자들의 사역에 여호와 증인을 대처하는 문제에서 해방되시기를 바랍니다.

앞으로도 한국교회를 바로 지키는 일에 진 목사님의 사역은 크나큰 도움이 될 것입니다. 한국교회가 모든 목회자들이 도와줘야 될 보배가 진용식 목사님이라고 감히 추천합니다. 특히 이단들이 공격하는 말들을 인용해서 진 목사님을 폄하하는 일이 많습니다. 한국교회가 지켜줘야 할 사역자이십니다. 여기에 한국장로교총연합회 이대위도 힘써 도울 것입니다.

원고를 읽어본 본 추천인은 가슴이 확 뚫리는 마음으로 이 글이 모든 분에게 큰 도움이 되리라 의심치 않고 용기 있게 추천합니다. 비 진리로부터 한국교회를 보호할 이 작품 때문에 하나님께서 크게 칭찬하시리라 믿습니다.

추 천 사

최삼경 목사

⟨빛과소금교회⟩ 담임목사
⟨교회와 신앙⟩ 편집인

　⟨여호와의 증인⟩들은 정통교회 교인들과 성경을 토론하기 위하여 날마다 훈련을 받는다. 저들은 정통교회 교인들을 만나면 "성경토론 해보실까요?"라고 자신만만하게 도전한다. 이러한 ⟨여호와의 증인⟩의 도전에 훈련을 받지 못한 정통교회 교인들은 두려워하고 이들을 피하는 실정이다. 이것은 목회자들까지 마찬가지이다. 그래서 그동안 ⟨여호와의 증인⟩에 미혹된 신도들을 회심시키는 일은 거의 불가능한 것처럼 여겨졌다.

　따라서 목회자들과 성도들은 ⟨여호와의 증인⟩과 논쟁할 수 있는 지침서와 같은 책을 절실히 필요로 하고 있는 실정에, 이번에 진용식 목사가 《여호와의 증인의 정체와 상담》이란 책을 발간하게 된 것은 한국교회에 아주 다행스러운 일이 아닐 수 없다.

　진용식 목사님은 교계에서 ⟨여호와의 증인⟩은 물론 수많은 이단들에 빠진 자들을 상담하여 회심시키는데 타의 추종을 불허하는 귀한 사역자이다. 이 책은 진 목사가 그동안 수많은 상담을 하면서 성공한 사례들을 통하여 얻은 노하우(know how)로 쓰인 책으로 안다.

이 책은 <여호와의 증인>의 핵심 교리들을 상세하게 하나씩 밝혔고 그것을 하나하나 반증하는 내용으로 되어 있어서 유익하고 쉽다. 특히 <여호와의 증인>들이 왜 병역거부를 하는지 그 교리가 무엇인지 잘 밝혀줌으로써, 저들이 양심적 병역거부라고 주장하는 것 자체가 거짓말이라는 것을 선명하게 밝혔다.

이 책은 <여호와의 증인>과 토론이나 상담하는 일에 탁월한 지침서가 될 수 있고 저들을 대처하는 일에 그리고 성도들을 이단예방 및 무장시키는 일에 좋은 교재가 될 것이라고 확신한다. 만일 이 책을 <여호와의 증인> 신도들에게 읽힌다면 회심의 역사가 일어나게 될 것이라고 믿는다.

그리하여 본인은 이 책이 <여호와의 증인>을 알고 싶어 하는 한국교회 목회자들과 신학생들 그리고 평신도들까지도 큰 도움을 줄 것을 믿어 의심하지 않아 적극적으로 추천하는 바이다.

추 천 사

정동섭

가족관계연구소장
전 침례신학대학교
한동대학교 교수 Ph. D.
사이비종교피해대책연맹 총재

　여호와의 증인은 몰몬교, 안식교와 함께 미국에서 들어온 사이비기독교 이단이다. 이단은 어떤 특정 지도자의 잘못된 성경해석을 중심으로 형성된 종교집단이다. 여호와의 증인은 모두가 아는 대로 찰스 러셀(Charles Russell)이라는 '자칭 목사'의 엉터리 성경해석으로 생겨난 '멸망케 할 이단' 중의 대표적 이단이다. 성경은 무식한 자들이 성경을 억지로 해석해 스스로 멸망에 이른다(벧후 3:16)고 가르치고 있다. 이 한 사람의 잘못된 성경해석으로 인해 무수히 많은 사람들이 거짓된 구원의 확신 속에 멸망의 길을 가고 있고, 수혈거부 교리로 인해 많은 생명이 죽어가고 있으며, 수많은 가정이 무너지고 있다.

　정통교회가 성도에게 올바른 구원의 확신을 주고 가정을 회복시키고 교회를 한 성령 안에서 하나 되게 할 때에, 이단들은 거짓된 확신을 심어주며, 가정을 '가출과 이혼으로' 무너뜨리고 하나님의 교회를 분열시키는 부작용을 양산하고 있다.

최근 가장 큰 사회적 이슈로 떠오르고 있는 양심적 병역 거부자들 중 대다수는 종교적인 이유로 군복무를 거부하고 있다. 집총거부와 수혈을 거부하는 것은 여호와의 증인만의 반사회적, 반상식적 행위이다. 사이비 종교가 사회생태계를 파괴하는데도 종교의 자유라는 이름으로 국가는 이를 방치하고 있다.

초대교회 사도들은 성경을 문법적으로, 신학적으로, 역사적인 문맥을 고려하여 옳게 분별(exegesis)하였다. 그러나 거짓선지자들은 예나 지금이나 성경을 언제나 자의적으로, 우화적으로, 비유적으로 억지해석(eisegesis)함으로 멸망케 할 이단을 만들어낸다.

여호와의 증인은 어떤 단체인가? 19세기 초 미국의 찰스 테이즈 러셀이라는 '거짓 선지자'에 의해 시작되었다. 우리나라에는 1910년대 초에 전파되었으며, 당시에는 세상 정부를 사탄의 정부로 규정하는 여호와의 증인에 대해 조선총독부가 서적출판금지 조치를 취하기도 하였다. 일반인들에게는 길거리에서 《파수대》(Watch Tower)라는 책자를 배포하는 단체로 알려져 있다.

한국교회 주요 개신교단들은 여호와의 증인을 이단으로 규정하고 있다. 이들은 신학적으로 삼위일체, 예수님의 신성, 예수님의 십자가 대속, 예수님의 재림, 천국과 지옥 등 기독교의 종말론 등을 부정하는 것으로 유명하다. 시한부 종말론의 원조라 해도 과언이 아니다. 기독교의 정통 교리를 부정할 뿐 아니라 예수 그리스도께서 십자가에 못 박힌 게 아니라 단순히 기둥에 매달려 죽으셨다는 이해할 수 없는 교리를 만들어 전파하고 있다.

이밖에도 성경에 피를 멀리하라는 명령이 들어있다는 주장을 펼치며 신도들이 병원치료를 받을 때는 '무수혈'(수술을 할 때도 수혈을 거부하는 행위) 치료를 받을 것을 고집하고 있다. 최근에 다시 대두된 여호와의 증인의 특징적 행위는 바로 그리스도인으로서 평화와 사랑을 나타내겠다며 집총을 거부하고 병역을 기피하는 것이다.

여호와의 증인은 세상 정부를 사탄으로 규정하기 때문에 투표권을 행사하지 않으며, 국기에 대한 경례나 애국가 제창 등 국가적 의식을 모두 거부한다. 이러한 비상식적이고 반문화적인 교리가 병역거부 주장에 밑바탕이 된 것이다. 이와 같이 여호와의 증인은 사회적 시선으로 보았을 때 시한부 종말론이나 세상을 바라보는 관점이 굉장히 편향적이고 폐쇄적인 집단이다. 반성경적인 교리로 인한 이들의 병역거부가 마치 양심적이고 평화적인 행위인 것처럼 보이는 것은 참으로 안타까운 일이다.

사도 바울이 지적한 대로, "그들이 하나님을 안다고 말하지만, 그들의 악한 행동을 보면 하나님을 아는 사람들 같지 않다. 그들은 가증한 자요 복종하지 아니하는 자요 모든 선한 일을 버리는 자이다"(딛 1:16).

이 책의 저자 진용식 목사는 안식교 출신 이단전문가로서, 이단 여호와의 증인이 무엇을 믿고 주장하는지를 알기 쉽게 설명하고 있다. 그리고 이들을 어떻게 상담해 정통 기독교신앙으로 개종/회심시킬 수 있는지를 친절하게 안내하고 있다. 이들의 정체를 제대로 알지 못하면 누구나 미혹될 수 있다. 알고 대처해야 한다.

여호와의 증인에 빠진 가족을 두고 있는 성도들, 이단에 대처하는 방법을 알고 싶어 하는 목회자와 신학생, 그리고 여호와의 증인을 비롯한 이단에 속한 우리 이웃을 올바른 믿음으로 인도하기를 원하는 모든 이들에게 이 책을 추천한다.

추 천 사

탁지일

부산장신대학교 교수 / 현대종교 이사장

1872년 미국에서 시작된 여호와의 증인은, 예수그리스도후기성도교회(몰몬교. 1830)와 제칠일안식일예수재림교회(안식교. 1863)와 함께 한국에서 활동하는 대표적인 미국계 이단이다. 미국의 대각성운동의 현장에서 시작된 이들 이단운동들은, '교회의 부흥기가 곧 이단의 발흥기'인 것을 여실히 보여준다.

1912년 한국에 전래된 여호와의 증인은, 반사회적인 문제들로 인해 한국사회와 충돌해왔으며, 기독론 및 종말론과 관련하여 한국교회와 지속적인 갈등을 유발했고, 공공의 의무를 거부하거나, 폐쇄적인 종교 활동으로 인해 사회와 가정 문제를 야기해왔다.

1914년 종말을 주장하며, 세상의 정부, 종교, 상업제도를 모두 사탄의 세상에 속한 것으로 믿는 여호와의 증인은 세계 곳곳에서 주변 사회와 충돌해오고 있으며, 한국에서는 최근 병역거부 문제로 논란의 중심에 서 있다.

2018년 여호와의 증인 신도가 다수 포함된 병역거부에 대한 대법원의 무죄판결 이후, 소위 양심적 병역거부에 대한 논란이 진행 중이다. 입영을 거부하면 '양심적'이고 군복무를 이행하면 '비양심적'일까? 대법원의 결정은 청년세대의 상대적 박탈감으로 이어지고 있다. 모든 국민들이 납득할 수 있는 합리적인 대체복무제도의 마련이 시급하다.

이러한 상황에서 본서가 출간된 것은 커다란 의미가 있다. 무엇보다도 오랜 기간 이단 연구와 상담에 헌신하며, 온갖 고난 속에서도 고군분투해 온 진용식 목사님이 발간한 이 책은, 여호와의 증인에 대한 포괄적인 교리적 변증과 실제적인 대처방안을 담고 있다. 특히 제2부 "Q&A로 풀어보는 여호와의 증인"은 교회 내의 이단예방교육에 효과적으로 사용할 수 있는 효과적인 자료이다. 또한 여호와의 증인에 대한 언론보도 및 이탈자의 증언들도 많은 도움을 준다.

이단이 아니라 교회를 걱정하는 시대, 이단대처를 통한 한국교회의 갱신을 꿈꾸며, 이단의 도전으로부터 소중한 가정과 교회를 정결하게 지켜나아가며 응전하기를 소망하는 한국교회 목회자와 평신도들의 필독을 권한다.

목 차

추천사 • 5

머리말 • 20

제1부 여호와의 증인의 교리와 상담

제1장 여호와의 증인 상담법 • 25
 1. 왜 여호와의 증인 상담이 필요한가? • 25
 2. 여호와의 증인을 상담하려면? • 27
 3. 여호와의 증인 성경 토론의 특징 • 30
 4. 여호와의 증인과 상담을 할 때는 반드시 사전 협약이 있어야 한다 • 32

제2장 여호와의 증인의 역사 • 34
 1. 여호와의 증인의 시작 • 34
 2. 여호와의 증인의 창설자 럿셀(Charles Taze Russel, 1852-1916) • 35
 3. 창설자 럿셀의 부도덕한 삶 • 37
 4. 조셉 프랭클린 리더포드(Joseph F. Rutherford, 1869-1942) • 39
 5. 나단 노오르(Nathan H, Knorr, 1905-1977) • 40

제3장 재림론 • 41
 1. 여호와의 증인의 주장 • 41
 예수님은 1914년에 재림하셨다/ 영으로 보이지 않게 재림하셨다/ 세상이 볼 수 없을 것이라고 하셨다/ 가심을 본 그대로 오신다고 하셨다/ 구름타고 오신다는 것은 / 믿음의 눈으로만 볼 수 있다/ 그를 찌른 자는 누구인가/ 재림은 여러 해 기간에 이루어진다/ 이해의 눈으로 알게 되었다. /

 2. 여호와의 증인의 재림론 반증 • 49
 *1914년 재림연대 반증

1일 1년 해석은 맞지 않다/ 단 4장의 일곱 때는 재림예언이 아니다/ 재림의 때를 알 수 없다는 말씀은
*재림론 반증
영으로 보이지 않게 임재했다는 주장/ 이해의 눈으로 본다는 주장/ 구름이 보이지 않는다는 주장/ 소수의 무리만 본다는 주장/ 재림이 여러 해 기간에 이루어진다는 주장/ 재림이 조용하게 이루어진다는 주장/ 재림 시에 일어날 사건을 볼 때

제4장 왕국론 • 63
　1. 여호와의 증인의 주장 • 63
　왕국은 실재하는 정부이다/ 왕국의 왕은 예수 그리스도이다/ 14만 4천명이 통치하는 왕국이다/ 1914년에 왕국이 시작되었다/ 아마겟돈 전쟁/ 병역거부

　2. 왕국론 반증 • 70
　왕국은 하나님이 만드신 정부이다.
　왕국이 1914년에 시작되었다는 반증
　천국이 가까웠다고 했다/ 왕국은 초림 때 시작되었다/ 사탄은 1914년에 떨어진 것이 아니다/ 왕국에서 이룩하는 일들이 이루어지지 않았다/ 아마겟돈 전쟁에 대한 잘못된 해석/ 비 성경적인 병역거부

제5장 삼위일체론 • 78
　1. 여호와의 증인의 주장 • 78
　*하나님은 유일신이다.
　삼위일체라는 말이 성경에 없다/ 하나님은 유일신이다
　*예수님은 여호와 하나님이 아니다
　예수님은 피조물이다/ 예수님은 하나님과 동등하지 않다/ 예수님은 전능하지 않다/ 예수님은 숭배의 대상이 아니다.
　*성령은 하나님이 아니다
　성령은 인격이 아니다/ 성령은 한 위가 아니다

　2. 삼위일체론 반증 • 87
　*유일신론 반증
　하나님의 유일성/ 삼위일체 명칭에 대하여
　*예수님은 여호와 하나님이 아니라는 반증
　예수님은 피조물이라는 반증/ 먼저 나신 자 반증/ 창조의 근본에 대한 반증/ 조화의 시작에 대한 반증/ 동등하지 않다는 주장에 대한 반증/ 전능하지 않다는

주장에 대한 반증/ 예배의 대상이 될 수 없다는 반증/
*성령이 비 인격이라는 주장에 대한 반증
성령은 인격이 있는 분이다/ 성령의 기도가 증명한다/ 보혜사의 호칭이 증명한다/ 프뉴마가 증명한다/ 비 인격으로 표현된 부분에 대한 반증

제6장 내세론 • 103
  1. 여호와의 증인의 주장 • 103
*인간의 영혼은 죽는다.
몸이 죽을 때 영혼도 죽는다/ 영혼과 몸은 분리될 수 없다/ 몸이 죽으면 생각이 소멸된다/ 동물도 영혼이 있다/ 영혼은 호흡이라는 뜻이다
*지옥은 없다
원어의 의미가 지옥을 부인한다/ 게헨나는 쓰레기장이다/ 영원한 고통 형벌은 없다/ 사후에 의식이 없다/ 하나님의 성품에 맞지 않다/ 부자와 나사로 이야기는 비유이다

  2. 내세론에 대한 반증 • 113
*인간의 영혼이 죽는다는 주장에 대한 반증
영혼에 대한 원어적 구분/ 영혼이 죽는다는 주장에 대한 반증/ 영혼과 몸이 분리될 수 없다는 주장에 대한 반증/ 동물에게 있는 영혼에 대한 반증
*지옥이 없다는 주장에 대한 반증
지옥에 사용된 원어문제/ 영원한 형벌이 '끊어짐'이라는 주장에 대한 반증/ 사후에 의식이 없다는 주장에 대한 반증/ 하나님의 성품에 맞지 않다. / 부자와 나사로 비유 반증/ 지옥이 있는가?

제7장 부활론 • 125
  1. 여호와의 증인의 주장 • 125
예수님의 부활
예수님은 영만 부활하셨다/ 예수님은 물질화해서 보여졌다/ 왜 예수님의 영 부활을 주장하는가?
성도의 부활
천적 부활/ 지적 부활

  2. 부활론 반증 • 130
예수님의 영 부활 반증
영 부활은 없다/ 예언이 육체부활을 증거한다/ 빈 무덤이 증거한다/ 예수님의 직

접 증거
성도의 천적 부활 지적 부활 반증
두 종류의 부활은 성경에 없다/ 14만 4천인과 큰 무리

제8장 식물론 • 137
　1. 여호와의 증인의 주장 • 137
*피 식용금지
피를 먹으면 안 된다/ 피 채 먹으면 안 된다./
수혈금지
인간의 피도 금해야 한다/ 수혈도 피를 먹는 것이다/ 치료목적으로 하는 피도 금
한다/ 죽는다 해도 수혈하지 않는다

　2. 식물론 반증 • 142
피를 먹지 말라는 율법은 폐지되었다
구약의 식물 규정은 폐지되었다/ 피에 대한 것은 폐지되지 않았는가?/ 제사제도
와 함께 폐지되었다
신약에서 음식물 교리
사도행전의 피 문제/ 신약에서 음식물 교리
수혈금지 반증
여호와 증인의 수혈금지/ 치료목적의 수혈도 금하는가?

제9장 시한부 종말론 • 151
　1. 여호와의 증인의 주장 • 151
재림의 날짜/ 변경되는 종말 날짜/ 변경되는 14만 4천 교리

　2. 시한부 종말론 반증 • 153
재림 날짜 반증/ 변경되는 종말 날짜 반증/ 변경되는 14만 4천 교리 반증

제10장 호칭론(여호와의 증인인가? 예수의 증인인가?) • 158
　1. 여호와의 증인의 주장 • 158
성경에 있는 호칭이다 / 예수님도 여호와의 증인이다 / 여호와 하나님을 증거한
다/ 여호와 하나님께만 예배한다

　2. 호칭론 반증(여호와의 증인인가? 예수의 증인인가?) • 163
성경에 없는 호칭이다/ 예수의 증인/ 예수님께도 예배한다/ 조작된 호칭이다/ 여

호와의 증인인가? 예수의 증인인가?

제11장 십일조 폐지론 • 169
1. 여호와의 증인의 주장 • 169
십일조는 모세의 율법과 함께 폐지되었다/ 헌금은 자원해서 드려야 한다 / 보수를 받는 교직자가 있어서는 안 된다

2. 십일조 폐지론 반증 • 173
모세율법과 함께 폐지되었다는 주장 반증/ 초대교회에도 목회자들의 보수가 있었다.
여호와의 증인도 헌금을 거둔다.

제2부 여호와의 증인과 언론보도

부록 : 여호와의 증인 이탈 간증 • 181
1. 여호와의 증인, 러시아서 퇴출 • 183
2. 여호와의 증인, 인간사회를 '사탄 세상' 규정… 국가 의무 거부 • 185
3. 강요당한 병역거부… "나는 군에 가고 싶었다" • 188
4. [여호와의 증인 실체를 말한다] • 191
5. [여호와의 증인 실체를 말한다] • 194
6. [여호와의 증인 실체를 말한다] • 197
7. [여호와의 증인 실체를 말한다] • 200
8. 여호와의 증인 병역거부… 진정 개인 양심인가? • 203
9. 여호와의 증인 신도들… '아동성추행'으로 말썽 • 209
10. 여호와의 증인의 신세계역은 '극단주의 문서' • 215
11. 정통교회와 이단들의 부활관 비교 • 217
여호와의 증인 이탈 간증 • 223
여호와의 증인에서 그리스도인으로 • 231

머리말

　여호와의 증인 교리의 핵심 내용은 왕국론이다. 여호와의 증인의 왕국론에 의하면 예수님이 1914년에 재림하여 왕국을 세우셨다고 한다. 이 왕국은 곧 기독교인들이 대망하는 하나님의 나라인 천국을 말하는 것이다. 여호와의 증인들은 자신들의 집단이 예수님께서 세우신 왕국이라고 한다. 그래서 여호와의 증인들은 교회라는 이름을 쓰지 않고 〈여호와의 증인의 왕국회관〉이라는 이름으로 간판을 쓴다. 천국이 땅에서 이루어진다고 하여 자신들의 집단이 땅에서 이루어진 하나님의 나라인 왕국이라는 것이 여호와의 증인의 교리이다.

　여호와의 증인의 왕국은 하나님께서 만드신 정부이며 이 세상의 나라들, 정부들은 아마겟돈 전쟁을 통하여 다 없애버리고 여호와의 증인의 왕국으로 세계를 통일한다는 것이다. 그래서 여호와의 증인들이 세계를 다스리는 왕 노릇을 하게 된다고 한다.

　이런 허황된 교리를 가진 여호와의 증인들은 애국가 봉창, 국기배례 등을 하지 않으며 절대로 군대에 가지 않는다. 이것이 여호와의 증인의 병역거부이다. 여호와의 증인의 병역거부는 양심적 병역거부가 아닌 교리적인 병역거부이다. 이러한 오류들로 세뇌가 된 여호와의 증인들을 말씀으로 깨우쳐 돌아오게 하는 사역이 이단 상담 사역이다. 이단 상담이란 이단들의 잘못된 오류들을 반증을 통하여 깨우쳐 줌으로 깨닫고 회심하게 하는 사역을 말한다. 이 책은 여호와의 증인을 이단 상담하는 내용으로 만들어졌다. 이 책은 여호와의 증인들의 교리를 반증하는 교재이다. 이단 상담을 하는 분들에게, 특히 여호와의 증인을 상담하려는 분들에게 이 책이 반증 교재로 도움이 되기를 바란다.

진용식 목사
2020년 새해 첫날

제1부

여호와의 증인
교리와
상담

제1장
여호와의 증인 상담법

1. 왜 여호와의 증인 상담이 필요한가?

여호와의 증인의 전문가는 있어도 상담하여 회심시키는 사람이 없다.

국내에 여호와의 증인 신도가 날이 갈수록 증가하고 있다. 증가하는 여호와의 증인에 대한 가장 좋은 대처는 여호와의 증인 신도들을 회심시키는 일이다. 그래서 여호와의 증인을 상담하여 회심시킬 수 있는 여호와의 증인 상담자가 필요하다. 현재 한국교회에는 여호와의 증인에 대하여 연구하고 교리를 비판할 수 있는 이단 전문가들이 있다. 그러나 여호와의 증인을 상담하여 회심시킬 수 있는 상담자가 없는 실정이다. 여호와의 증인 신도들은 성경 토론하는 것을 훈련받은 사람들이다. 그래서 정통교회 성도들을 만나면 "성경 토론해 보실까요?"라고 도전한다. 물론 여호와의 증인 전문가들은 이들과 토론을 해서 이길 수 있다. 그러나 토론해서 이긴다고 해도 여호와의 증인 신도는 회심하지는 않는다. 논리적으로는 굴복시킬 수 있다고 해도 그들의 진정한 회심으로 이어지지 않는다는 의미다. 그래서 여호와의 증인들을 회심시키려면 이단 상담을 할 줄 알아야 한다. 이단들은 반드시 이단 상담을 통해서만 회심할 수 있기 때문이다.

여호와의 증인에 빠진 신도의 가족들은 대부분 포기하고 있다.

그간 한국교회의 이단 대처 방법은 '이단들과는 상대하지 마라', '이단이 오면 내쫓아라'였다. 그래서 여호와의 증인들이 찾아오면 쫓아내고 심지어 물과 소금을 뿌리기도 한다. 그러나 여호와의 증인에 가족들이 빠지게 되는 경우, 상대하지 않을 수 없다. 쫓아낼 수도 없고 그렇게 해서도 안 된다. 현재 여호와의 증인 신도의 상당수가 정통교회 성도들의 가족들이다. 여호와의 증인에 빠진 가족들에 대하여 대부분의 성도들은 회심하기 불가능한 것으로 생각하고 있다. 그래서 여호와의 증인에 빠진 가족들을 구하려고 하는 노력 자체를 포기하고 있는 실정이다. 이단에 빠진 사람들은 돌아올 수 없다고 생각하기 때문이다.

여호와의 증인에 빠진 사람을 회심시키기 위해서는 이단 상담이 필요하다.

이단에 미혹된 이단 신도들도 회심이 가능하다. 이미 초대교회 때부터 이단에 빠진 영혼들을 회심시키는 사역이 있었다고 성경은 증거하고 있다. "내 형제들아 너희 중에 미혹되어 진리를 떠난 자를 누가 돌아서게 하면 너희가 알 것은 죄인을 미혹된 길에서 돌아서게 하는 자가 그의 영혼을 사망에서 구원할 것이며 허다한 죄를 덮을 것임이라"(약 5:19-20). 이단에 빠진 영혼들을 미혹된 길에서 돌아서게 하는 사역은 복음의 시초부터 있었다. 실제로 예루살렘 교회가 시작되었을 때도 철저한 율법주의자들이었던 유대인들, 심지어 유대교의 제사장들까지 복음으로 회심하여 돌아오는 역사가 있었던 것이다. "하나님의 말씀이 점점 왕성하여 예루살렘에 있는 제자의 수가 더 심히 많아지고 허다한 제사장의 무리도 이 도에 복종하니라"(행 6:7).

이 '도'에 복종했다고 하였다. 이 '도'는 바로 복음을 말하는 것이다. 율법주의자들인 유대인 제사장들이 복음을 듣고 돌아왔다는 것이다. 오늘의 이단들도 복음으로 돌아올 수 있다. 이단에 빠진 영혼들을 돌아오게 하는 사역을 '이단 상담'이라고 한다. 이단 상담을 통하여 여호와의 증인에 빠진 신도들이 복음으로 돌아올 수 있는 것이다. 이단에 빠진 영혼들, 특히 여호와의 증인들을 회심시키기 위해서는 이단 상담 훈련을 받은 사람들이 필요하다. 이단 상담가들을 통하여 여호와의 증인에 미혹된 영혼들이 돌아오게 될 것이다.

2. 여호와의 증인을 상담하려면?

여호와의 증인의 교리를 잘 알아야 한다.

여호와의 증인을 상담하려면 먼저 그들의 교리를 잘 알아야 한다. 이단 상담은 이단의 잘못된 교리를 반증하여 깨뜨리는 것이다. 그 교리를 반증하려면 그 교리를 정확하게 잘 파악하고 있어야 한다. 그 교리를 얼마나 잘 알고 분석하느냐에 따라서 상담의 성공 여부가 달려 있다. 여호와의 증인의 교리는 성경을 억지 해석하여 만들어 놓은 거짓 교리들이다. 이러한 잘못된 교리들을 밝혀줌으로써 피상담자는 자신의 교리가 잘못된 것임을 깨닫게 되고 회심하게 된다. 교리의 잘못된 부분을 밝혀주기 위해서는 먼저 그들의 교리를 독파하여 여호와의 증인의 신도보다 더 잘 알수 있어야 한다. 이단 신도들은 자신들의 교리는 아무도 아는 사람이 없고 자신들만이 알고 있다고 생각한다. 그래서 그들은 자신들의 교리를 잘 아는 사람을 두려워한다.

여호와의 증인에 대한 자료가 있어야 한다.

여호와의 증인을 상담하기 위해서는 여호와의 증인의 자료들이 있어야 한다. 특히 여호와의 증인의 교리서가 필요하다. 여호와의 증인의 교리서는 《성경을 사용하여 추리함》, 《성서는 실제로 무엇을 가르치는가?》, 《숭배》, 《계시록》 등이다. 이러한 여호와의 증인의 교리서들을 확보해야 하고 그 책들을 읽어보고 그들의 주장을 잘 알고 있어야 한다. 상담을 할 때도 여호와의 증인의 교리서들을 갖고 교리 반증을 해야 한다. 여호와의 증인 신도들은 자신들의 교리서를 상담자가 읽어 봤다는 것만으로도 충격을 받게 되어 있다. 그리고 여호와의 증인들이 가르치는 교리에 나오는 역사적인 자료들도 있어야 하고 여호와의 증인을 비판한 책들도 구하여 갖고 있어야 한다. 이단 상담은 '자료싸움'이라는 말도 있다. 자료가 없이 상담을 한다는 것은 불가능하다.

여호와의 증인들의 토론법을 알아 둘 필요가 있다.

여호와의 증인들은 정통교회 성도들과 토론하는 방법을 훈련받는다. 여호와의 증인들이 정통교회 성도들에게 하는 그들만의 토론 방법이 있다. 우리가 여호와의 증인들을 상담하여 회심시키려 한다면 이들의 독특한 토론법을 미리 알고 있어야 한다. 이들만의 수법을 미리 알고 있다면 이에 대처하는 방법으로 상담을 할 수가 있다. 이들은 정통교회 성도들을 미혹하기 위하여 토론 훈련을 받고 훈련받은 방법으로 성도들을 미혹하고 있기 때문이다.

구원론을 강의할 수 있도록 준비한다.

여호와의 증인들을 상담하기 위해서는 체계적이며 명확한 구원론을 강의할 수 있어야 한다. 여호와의 증인들은 율법주의 구원을 추구하는 자들이다. 행위 공적을 쌓아야 하는 구원론이다. 여호와의 증인들이 전도하는 일에 헌신하는 것도 시간을 채우고 실적을 채우기 위한 것이다.

여호와의 증인들이 회심하는 것은 구원론을 통해서다. 물론 여호와의 증인 교리 반증을 들어야 잘못된 것을 알 수 있지만 구원론을 듣고 예수님을 구주로 영접해야만 진정한 회심을 하게 된다. 여호와의 증인으로 10년 동안 있다가 회심한 한 성도는 십자가, 구원에 대한 찬송만 불러도 울었다. 그 신도는 자신이 성경을 읽으면서 왜 예수님의 십자가를 깨닫지 못했는지 간증하기도 했다. 이처럼 여호와의 증인의 상담은 구원론을 잘 강의해 주는 것이 매우 중요하다.

3. 여호와의 증인 성경 토론의 특징

여호와의 증인들은 문자주의자들이다.

여호와의 증인들은 다른 이단들과 달리 문자주의이다. 신천지나 통일교 등은 비유 풀이를 한다. 성경은 비유로 봉함되었다고 하여 비유로 성경을 풀어야 한다고 가르친다. 이와 반대로 여호와의 증인들은 문자주의로 문자를 따져서 자신들의 교리를 주장한다. 이들은 문자주의이기 때문에 원어를 많이 말한다. 히브리어, 헬라어를 근거로 자신들의 교리를 변증한다. 그래서 여호와의 증인들과 상담할 때는 성경 원어 사전을 준비하고 원어를 근거로 해석해 주어야 한다.

그렇다고 여호와의 증인들이 원어를 잘 아는 것은 아니다. 실제로 여호와의 증인들은 헬라어, 히브리어의 알파벳조차 알지 못하면서 그들이 훈련받은 내용으로 성도들을 미혹한다. 그래서 여호와의 증인 상담을 할 때는 원어를 제대로 사용해서 성경의 바른 뜻을 설명하는 것이 효과적이다.

막히는 문제가 있으면 다음으로 미룬다.

여호와의 증인들은 토론을 하다가 대답을 못 하는 문제가 나오면 즉석에서 대답하려고 하지 않고 다음으로 미룬다. 대답을 할 수 없을 때 이들은 "이 문제는 연구해서 알려드리겠습니다."라고 한다. 이런 방법으로 토론을 하도록 훈련을 받았기 때문이다. 대답을 할 수 없는 문제가 있을 때 그 문제는 다음으로 미루고 자신들의 교회에 돌아가서 그 문제의 해답을 받은 후에 대답을 해주는 방법으로 하고 있다. 상담자는 이러한 여호와의 증인들의 수법을 미리 알고 상담을 해야 한다. 다음에 대답해 주겠다고 하면 그 문제를 적어 놓고 언제까지 답변할 것인가 다짐을 받아야 한다. 그리고 "연구도 안 해보고 토론하러 왔느냐?"고 질책해야 한다.

자신이 감당하기 어려우면 다른 사람에게 인계한다.

여호와의 증인들은 토론을 하다가 자신이 감당하지 못하면 다른 사람에게 인계한다. 즉 자신보다 더 잘 아는 여호와의 증인에게 인계하고 자신은 나오지 않는다. 이런 방법도 여호와의 증인의 전략이다. 성경을 잘 아는 사람과 계속 토론하면 개종하게 되는 것을 우려하여 더 잘 아는 여호와의 증인 신도에게 인계하고 자신은 빠지는 것이다. 그래서 상담하기 전에 미리 약속을 받아 놔야 한다. 토론에 참여한 사람이 끝까지 다른 사람과 바꾸지 않고 계속 토론하기로 약속을 하고 진행해야 한다. 진리를 탐구하려면 끝까지 계속해야 한다고 강조하고 한 사람과 회심할 때까지 해야 하는 것이다.

안될 것 같은 사람에게 계속 토론하지 않는다.

여호와의 증인들이 정통교회 성도들과 성경 토론을 하는 목적은 성도들을 여호와의 증인으로 미혹하기 위해서다. 이들이 가가호호 찾아다니며 매일같이 성경 토론할 대상을 찾고 있는 이유는 성경 공부를 시켜 여호와의 증인으로 미혹하기 위한 것이다. 이들이 사람들을 만나서 성경 토론을 할 때는 미혹될 가능성이 있어야 한다. 그래서 이들은 성경 토론을 하다가 상대가 성경을 잘 아는 사람이어서 미혹될 가능성이 없다고 느껴지면 즉시 포기를 하고 가버린다. 이들은 성경을 잘 모르는 사람, 자신들의 미혹에 걸려 넘어올 사람만 찾아서 성경 토론을 한다. 성경을 잘 알고 여호와의 증인 교리를 잘 아는 사람과 토론을 하면 오히려 여호와의 증인 신도가 넘어갈 수 있기 때문에, 절대로 계속 토론을 하지 않는다.

4. 여호와의 증인과 상담을 할 때는 반드시 사전 협약이 있어야 한다.

여호와의 증인들이 찾아왔을 때 그들과 쉽게 성경 토론이나 상담이 이루어질 수 있다. 그들이 성경 토론을 요청하기 때문이다. 여호와의 증인들이 성경 토론을 하자고 할 때 무조건 성경 토론을 진행하면 아무 유익이 없고 시간만 낭비하게 된다. 찾아온 여호와의 증인 신도들을 상담해서 회심시키려면 그들과 협약을 하고 서명을 한 다음에 그 협약 내용에 따라서 상담이나 토론을 진행하면 회심시킬 수 있다. 그 협약 내용은 서로가 동의를 하도록 해야 하는데 다음과 같은 내용이다.

1) 진리가 아니라는 것이 드러나면 반드시 회심(개종)하기로 한다.
2) 중간에 다른 사람으로 교체하지 않는다.
3) 결말이 날 때까지 중단하지 않는다.
4) 주제와 시일을 정해서 진행하고 한 가지씩만 진행한다.
5) 시간을 정해 놓고 하되 상대방의 강의 시간에는 질문하거나 강의를 방해하지 않는다.

6) 다른 사람을 참석시킬 수 있으나 상대에게 허락을 받아야 하고 발언권은 없다.

7) 명백한 내용은 억지로 우기지 않는다.

8) 성경은 「개역한글」을 사용하기로 한다(「신세계역」, 「공동번역」 등을 참고할 수 있다).

제2장

여호와의 증인의 역사

1. 여호와의 증인의 시작

'여호와의 증인'이라는 공식 명칭은 1931년 오하이오(Ohio)주 컬럼버스(Columbus)대 봉사회에서 여호와의 증인들이 작명한 것이다. 여호와의 증인이라는 공식 명칭이 있기 전에는 럿셀파(Russelites), 천년기 새벽파(Millennial Dawnites), 러더포드파(Rutherfordites) 등의 이름이 있었다. '여호와의 증인'이라는 이름은 이사야 43장 8절에 "나 여호와가 말하노라 너희는 나의 증인, 나의 종으로 택함을 입었나니 이는 너희가 나를 알고 믿으며 내가 그인 줄 깨닫게 하려 함이라 나의 전에 지음을 받은 신이 없었느니라 나의 후에도 없으리라"는 이 구절을 근거로 만든 것이다(워치타워, 《하나님은 참되시다 할지어다》, p.221).

이 구절에서 '너희는 나의 증인'이라는 말을 인용하여 '여호와의 증인'이라는 이름으로 일컬어지게 됐다. 그때부터 여호와의 증인의 모든 회의에서 공적으로 사용하게 되었다. 여호와의 증인들은 스스로 자신들의 계보를 만들어 말하고 있다. 이들은 아담의 둘째 아들이 최초의 여호와의 증인이었다고 한다.

> "성서에 의하면, 여호와의 증인의 계열은 충실한 아벨까지 소급한다. 히
> 11:4-12:1은 이처럼 알려준다. '믿음으로 아벨은 카인보다 더 큰 가치가
> 있는 희생을 하나님께 바쳤으며…'" (워치타워 성서책자협회, 《성경을 사용하
> 여 추리함》, p.255).

이들은 아벨을 최초의 '여호와의 증인'이라고 하고 그 뒤를 이어 여호와
의 증인들이 그치지 않고 있었다고 한다. 그리고 예수 그리스도가 여호와
의 증인의 으뜸이 된다고 한다.

> "예수 그리스도에 관하여 성서는 '아멘이고 충실하고 참된 증인이며, 하
> 나님의 창조물의 시작인 자'라고 말한다. 그분은 누구의 증인이셨는가?
> 그분은 직접 자기 아버지의 이름을 명백히 나타냈다고 말씀하셨다. 그분
> 은 가장 탁월한 여호와의 증인이셨다(계 3:14, 요 17:6). 그 후계자로는 럿
> 셀, 러더포드, 노오르에 계승되었다고 한다."(칼빈서적, 《기독교이단제설》,
> p.229).

2. 여호와의 증인의 창설자 럿셀(Charles Taze Russel, 1852-1916)

럿셀은 여호와의 증인의 창설자이며 사단법인 〈워치타워 성서책자협
회〉(Watchtower Bible&Tract Society)의 초대 회장이다. 럿셀은 1852년 2월 16
일 펜실바니아주(Pennsylvania) 피츠버그(Pittsburgh)에 속한 알레게니(Allegheny)

에서 출생했다. 럿셀의 부모는 전통적인 스코치 아이리쉬(Scotch-Irish) 장로
교인이었다. 럿셀은 소년 시절에 지옥에 대한 극심한 공포를 가지고 있
었다. 지옥의 공포를 가진 럿셀은 자주 도로변에 글을 써서 지옥 불에 대
해 사람들에게 경고하고 행인들에게 지옥 불에 대하여 전했었다고 한다.
럿셀이 17세 되던 해인 1869년, 그는 지옥 불이 없다고 하는 사람을 만
나게 되었다. 그 사람과 오랫동안 토론한 끝에 지옥 불은 없다는 결론을
얻게 되었고, 그 후 1870년 18세 때에 재림을 강조하는 한 교회에 들어가
게 되었다.

이때 럿셀은 그리스도의 재림의 시기에 대하여 관심을 갖게 되었고, 이
문제를 해결하기 위해 성경연구를 하기 시작했다. 럿셀은 자신이 연구
한 내용을 《주님의 재림의 목적과 방법》(The Object and Manner of the Lord' s
Return)이라는 소책자로 발행하였다. 이 책자는 사람들로부터 호평을 받
고 5만부가 판매되었다. 이와 함께 그를 추종하는 자들은 그를 목사라
고 불렀으나 럿셀은 실제로 정규 신학 교육도 받지 아니했다. 럿셀이 연
구한 재림론의 결과는 예수 그리스도가 1874년에 재림한다는 발표였다.
그 후 그는 일자를 1914년으로 변경했다(프릿츠 리데나워, 생명의말씀사, 《무엇
이 다른가?》, p.163).

럿셀은 예수님의 재림은 육체적인 것이 아니며 영적인 것이라고 주장
하였다. 예수님이 영적으로 재림하기 때문에 볼 수 없다는 것이다. 럿셀
은 20세 되던 1872년에 안식교 목사 'J.H 페이튼'의 저서를 읽다가 감명
을 받아서 '여호와의 증인'의 교리의 기초를 만들게 되었다. 그 당시 조합
교인이었던 그는 그 지방 청년회 회원이기도 했고 웅변가이자 조직에 능
숙한 사람이었으며, 당시 직업은 미국 피츠버그의 잡화상이었다. 럿셀은
1872년에 '여호와의 증인'을 창설하였고 1879년에 애클레이(Maria Frances

Achley)라는 여자와 결혼해 살다가 1916년 10월 31일 64세를 일기로 세상을 떠났다.

그는 포교 활동에 헌신적으로 자신을 바쳤으며 그로 인해 교세의 확장은 크게 진전되었다. 그는 1891년과 1900년에 유럽을 방문하여 런던에 여호와의 증인 지부를 결성하였다. 1903년에는 독일, 1904년에는 오스트레일리아에 지부를 만들어 세계적으로 교세를 확장했다. 럿셀은 파수대의 지원으로 백만 마일 이상 전도여행을 했으며 3만 회 이상 설교를 했다고 한다. 그리고 5만 페이지에 달하는 책들을 썼다고 한다. 그는 1916년 캘리포니아 순회강연을 마치고 귀가 도중 텍사스 주의 팜파에서 숨을 거둔 것으로 되어 있다.

3. 창설자 럿셀의 부도덕한 삶

기적의 밀 사건

럿셀은 이단 단체를 만드는 데는 성공했으나 개인의 사생활에서는 실패하였다. 럿셀은 '기적의 밀(Miracle Wheat)'을 판매했는데, 다른 종자보다 5배나 빨리 성장하는 밀이라고 하여 파운드당 1불씩 받고 팔았다(당시에는 비싼 값에 판매한 것이다). 이 사실을 알게 된 〈브루클린 데일리 이글〉(Brooklyn Daily Eagle)이라는 신문에서 럿셀을 조롱하는 만화를 발행하였다. 럿셀은 명예훼손죄로 그 신문을 고소하여 결국 정부의 조사를 받게 되었다. 조사 결과 '기적의 밀'이라는 것이 보통 종자의 밀보다도 좋지 못함이 발견되어 신문사 측이 승소하였다(위의 책, p.164).

럿셀의 가정 문제

럿셀은 1879년에 애클레이(Maria Frances Achley)라는 여자와 결혼했다. 자기 부인을 소책자 협회의 비서 겸 경리로, 파수대의 부편집장으로 임명하였다. 그녀는 자기가 쓴 기사를 남편 럿셀이 취급하는 태도에 크게 실망하였다. 결국 그녀는 협회와 남편을 떠났다.

1913년 럿셀 부인은 자기 남편을 상대로 이혼 소송을 제기했다. 그 이유로는 '독단적이고 이기적이며 지배적인 태도와 다른 여자들에 대한 부당한 행위'를 들고 있다(위의 책, p.163). 럿셀은 아내에게 지불할 재산을 고의적으로 빼돌려 법정에서 6,036불을 지불하라는 강제 명령을 받기도 하였다(총회 신학부, 심창섭, 《기독교 정통과 이단 무엇이 다른가?》 p.63).

럿셀의 거짓말

1912년 6월에 온타리오주 해밀턴(Hamilton)의 한 침례교회 로스(J. J. Ross) 목사는 한 책자에서 럿셀을 비난했다. 그 즉시 럿셀은 로스 목사를 고소했다. 이 소송의 재판정에서 럿셀의 거짓말이 탄로 났다. 럿셀은 그의 교리를 주장할 때 성경의 원어를 자주 사용했다. 재판정에서 럿셀이 증인대에 섰을 때 헬라어를 아느냐는 판사의 질문에 럿셀은 안다고 대답했다. 판사가 헬라어 몇 자를 읽어 보라고 하자 럿셀은 거짓말하였음을 시인하였다. 럿셀은 안수 받은 목사라고 주장해 왔다. 그러나 후에 그러한 사실이 없었음을 시인하였다.

4. 조셉 프랭클린 러더포드(Joseph F. Rutherford, 1869-1942)

럿셀이 죽은 후 재판관으로 알려진 조셉 리더포드가 후임으로 선출되었다. 그에 의하여 여호와의 증인은 비약적으로 발전하게 된다. 그는 25세 때 여호와의 증인 회원이 되었고 변호사와 검사를 거친 법률가로서 조직과 행정에 뛰어난 수완을 보여 여호와의 증인 단체를 이끌어 갔다. '여호와의 증인'이라는 이름이 채택된 것도 바로 그의 지도하에서였다. 그는 여호와의 증인의 본부를 뉴욕의 브룩클린(Brooklyn)으로 옮겼고, 모든 것을 통제할 수 있는 신정 체제를 지향했다.

이때부터 여호와의 증인들은 국가에 대한 충성의 맹세나 법률 등을 거절하는 태도를 드러내기 시작하였다. 여호와의 증인들은 가톨릭과 개신교를 현대판 바벨론이라고 비판하기 시작하였고 1918년 캐나다 정부는 워치타워의 문서를 판매 금지하였다. 여호와의 증인들은 국가의 법을 불복종 한다는 죄명을 얻어 러더포트를 포함한 지도자들이 체포되었다. 그와 동료 지도자 8명은 '미 육군과 공군의 의무를 불복 거부하려는 모의죄'로 체포된 것이다. 그리고 이들은 20년의 징역형을 선고받기도 하였다.

여호와의 증인 신도들은 구명운동을 전개하여 1년 후에 그들의 지도자들을 석방시키는 데 성공하였으며, 다시 브룩클린의 본부를 중심으로 포교 활동의 열기를 한층 더했다. 그들은 1919년 10월에 〈황금시대〉(The Golden Ages)라는 잡지를 출간하였다. 2차 대전 중에는 군복무 거부로 인하여 약 3500명의 여호와의 증인들이 사회적인 물의를 일으키기도 했다(위의 책. p.64). 그럼에도 불구하고 이들의 수는 증가하여 14만명에 달했다. 여호와의 증인의 지도자로 지대한 공을 세웠던 러더포드는 1943년 1월 사망했다.

5. 나단 노오르(Nathan H. Knorr, 1905-1977)

러더포드가 사망한 후 후계자로 그의 뒤를 계승한 노오르는 여호와의
증인 회원을 11만 5천 명에서 2백만 명 이상으로 성장시켰다. 그는 개혁
교회 교인으로 성장했으나 16세 때 개혁교회를 떠나 알렌타운의 여호와
의 증인의 집회에 참석하였다. 18세 때 그는 이미 전임 설교자가 되었고
브룩클린 건물 본부의 직원이 되어 출판 업무를 담당하였다. 그는 특히
전임자들보다 교육에 역점을 두어 1943년에 〈길리앗 워치타워 성서학원〉
을 창설하였다. 그리고 계속하여 각 지역 집회 단마다 〈신정목자학원〉
(Throctatic Ministry School)을 건설하여 강력한 자립 지도체제를 구축하였다.

이때 이루어 놓은 가장 괄목할 만한 업적은 오늘까지 여호와의 증인
의 권위 있는 교리서로 인정받고 있는 《하나님은 참되시다 할지어다》라
는 책을 출판한 것이다(1946년, 1952년). 이 책은 1천 8백만 부가 판매되었
고 50개 국어로 번역되었다. 1958년에는 《실낙원에서 복낙원으로》라는
책이 출판되었고, 1960년에는 독자적인 성경으로 완역하였는데 그것이
여호와의 증인의 《신세계역》(The World Translation of Holy Scripture)이다. 노오
르는 세계 선교에 역점을 두어 54개국에 집회 단을 결성하고 1961년에는
185개국에서 선교 활동을 하도록 했다. 그리고 1971년에는 207개국에
서 헌신적으로 포교 활동을 전개하던 노오르는 1977년 사망했다.

제3장
재림론

1. 여호와의 증인의 주장

예수님은 1914년에 재림하셨다.

여호와의 증인들은 예수님이 1914년에 재림하셨다고 주장한다. 럿셀은 1874년에 예수님이 재림한다고 발표했으나 그 후에 그 일자를 1914년으로 변경하였다(프릿츠 리데나워, 생명의말씀사, 《무엇이 다른가?》, p.163). 그리하여 지금의 모든 여호와의 증인들은 1914년에 예수님이 재림하셨다고 가르치고 있다.

여호와의 증인들은 이렇게 주장한다.

> "예수님은 승천하실 때 본 사람들이 예수님의 충성된 사람들뿐이었고 조용하며 떠들썩하지 않았으며 그와 같이 1914년 가을에 이미 오셨고 3년 반 후인 1918년 봄에 영적 성전의 청결 작업을 시작하셨으며 이것은 재림의 시작이며, 그의 참 증인들인 여호와의 증인들에게만 알려졌으며 그리고 후에 영으로서 임재함을 뚜렷이 나타낸다."(워치타워 성서책자협회, 《이것은

여호와의 증인은 어떤 근거로 1914년에 재림하셨다고 하는가? 1914년의 근거는 무엇인가? 여호와의 증인들이 1914년으로 계산하는 연대의 근거는 다니엘 4장의 느부갓네살 왕의 꿈을 통하여 예언된 일곱 때에 대한 것이다. 다니엘서 4장에 느부갓네살이 짐승의 마음을 받아 폐위되어 일곱 때를 지나게 될 것을 예언한(단 4:16) 것을 근거로 연대를 계산한 것이다.

여호와의 증인의 해석은 1일을 1년으로 계산하여 일곱 때를 2520년으로 해석한다. 그리고 2520년의 시작점은 이스라엘 마지막 왕 시드기야가 폐위된 기원전 607년 10월 초라고 한다. 기원전 607년 10월 초부터 2520년을 계산하니 1914년 10월 초가 되기 때문에 예수님은 2520년 10월 초에 재림하셨다는 것이다.

여호와의 증인의 교리서에는 "그러면 그 때는 1914년까지 어떻게 계산되는가? 2520년을 기원전 607년 10월 초부터 계산하면, 도표에서 알려주는 것처럼 기원전 1914년 10월 초에 이른다."(워치타워 성서책자협회, 《성경을 사용하여 추리함》, p.265)라고 되어 있다. 이러한 연대의 계산에 의하여 1914년에 재림이 이루어졌다고 하며, 재림의 징조들이 제1차 세계대전이 1914년에 발발한 것으로 이루어졌다는 것이다.

여호와의 증인들은 다음과 같이 주장한다.

"연대의 정확성은, 오늘의 시기를 특정 지을 것으로 예언된 세상의 상태가 예언된 대로 정확히 1914년 이래 성취되어 오고 있다는 사실로 나타난다. 위에 설명된 사실들이 그 점을 예증한다. 세속 역사가들은 1914년을 어떻게 보는가? 현재의 유리한 위치에서 돌이켜 보면, 오늘날 우리는 제1차 세계대전의 발발이 20세기를-영국 역사가 아널드 토인비의 표현대로-고난의 시대로 안내하였음을 명백히 볼 수 있다."(위의 책, p.112).

예수님은 영으로 보이지 않게 재림하셨다: 파루시아가 증명한다.

여호와의 증인들은 예수님이 보이지 않게 영으로 재림하셨다고 주장한다. 예수님은 영으로 오시기 때문에 재림에 대하여 임재하신다는 의미인 헬라어 '파루시아'로 되어 있다는 것이다. 여호와의 증인들은 "마태복음 24:37에는 그리스 단어 파루시아가 사용되었다. 그것은 문자적으로 '곁에 있음'을 의미한다. 리델과 스콧 공편 《희영사전》(Greek-English Lexicon: 옥스퍼드, 1968년판)에서는 파루시아의 첫 번째 정의로서 '사람의 임재'를 든다. 빌립보서 2:12에서는 그 단어의 의미를 분명히 알려 주는데, 거기서 바울의 임재(파루시아)를 그의 부재(아푸시아)와 대조하고 있다."(위의 책, pp.56-57)라고 하였다.

여호와의 증인은 이렇게 파루시아가 임재를 나타내는 단어라고 하며 하늘로부터 오시는 예수님에 대하여는 '에르코마이'라는 단어가 사용됐다고 한다. "성서에서 그리스어 단어 '에르코마이'('오다'를 의미함)는 예수께서 자신의 임재 중에 특정한 때에, 중요한 임무 즉 전능하신 하나님의 큰 날의 전쟁에서 여호와의 집행관으로서 그분이 할 일에 주의를 돌리는 것과 관련해서도 사용된다."(위의 책, p.112)라고 하였다.

세상이 볼 수 없을 것이라고 말씀하셨다.

여호와의 증인들은 예수님을 세상이 볼 수 없다고 하였기 때문에 재림할 때 세상의 모든 사람들이 볼 수가 없는 상태로 오신다고 한다. 여호와의 증인들은 다음과 같이 말한다.

> "요한복음 14:19; 조금 더 있으면 세상은 나를 더 이상 보지 못할 것입니다. 그러나 여러분(예수의 충실한 사도들)은 나를 볼 것입니다. 내가 살아 있고 여러분도 살 것이기 때문입니다(예수께서는 사도들에게 자기와 함께 있도록 다시 와서 그들을 하늘로 데려가겠다고 약속하셨다). 그들은 예수님처럼 영적 피조물들이 될 것이기 때문에 그분을 볼 수 있을 것이다. 그러나 세상은 그분을 다시는 볼 수 없을 것이다(비교. 디모데첫째 6:16)."(위의 책, p.57).

가심을 본 그대로 오신다고 하였다.

여호와의 증인들은 행 1:11에 가심을 본 그대로 오시리라고 하였으니 예수님께서 승천하실 때 제자들 몇 사람만 보았듯이 재림할 때도 소수의 무리만이 보게 된다고 주장한다. 여호와의 증인의 주장을 살펴보자.

> "사도행전 1:9-11; 그들(예수의 사도들)이 보는 가운데서 들려 올려가시니 구름이 그분을 감싸 보이지 않게 되었다. 그분이 가시는 동안 그들은 하늘을 주시하고 있었는데, 또한 보라! 흰 옷을 입은 두 사람이 그들 곁에 서서 말하였다. '갈릴리 사람들이여 왜 하늘을 쳐다보고 서 있습니까? 여러분에게서 하늘로 올려 받아들여지신 이 예수는 그분이 하늘로 가시는 것을 여러분이 본 것과 같은 방식으로 그렇게 오실 것입니다(여기에서 같은

몸이 아니라 '같은 방식'이라고 하였음에 유의하라 그분은 어떤 방식으로 올라가셨는가? 9절에서 알려주듯이 그분의 제자들만이 떠나심을 지켜보는 가운데 시야에서 사라지셨다. 일반 세상은 그 사건을 알지 못하였다. 그리스도의 돌아오심도 동일할 것이다."(위의 책. p.58).

구름을 타고 오신다는 것은 보이지 않는다는 것이다.

여호와의 증인들은 예수께서 구름을 타고 오신다는 것은 눈에 보이지 않게 오시는 것을 의미하는 말이라고 한다. 여호와의 증인의 주장을 인용해 본다.

"구름은 무엇을 의미하는가? 눈에 보이지 않는다는 뜻이다. 비행기가 짙은 구름 속이나 구름 위에 있을 때, 지상의 사람들은 엔진 소리는 들을 수 있을지는 모르지만 대개 비행기는 볼 수 없다. 여호와께서는 모세에게 '내가 먹구름 속에서 너에게 가겠다.'고 말씀하셨다. 모세는 하느님을 볼 수 없었지만, 그 구름은 여호와의 보이지 않는 임재를 나타내 주었다(탈출 19:9; 또한 레 16:2; 민 11:25 참조). 만일 그리스도께서 눈에 보이게 하늘에 나타나신다면 '모든 눈이' 그분을 볼 수 없음이 분명하다. 예를 들어 그분이 오스트레일리아 상공에 나타나신다면 유럽, 아프리카, 및 남북 아메리카에서는 그분이 보이지 않을 것이다. 그렇지 않은가?"(위의 책. p.58).

그래서 1914년에 예수님이 재림하셨지만 세상 사람들은 보지도 알지도 못했다는 것이다.

믿음의 눈으로만 재림을 볼 수 있다고 한다.

여호와의 증인들은 예수님의 재림을 육안으로는 볼 수가 없으나 믿음의 눈으로 본다는 것이다. 이러한 여호와의 증인의 주장을 확인해 보자.

> "어떤 의미로 모든 눈이 그분을 볼 것인가? 사람들은 지상 사건들로 인해서 그분이 보이지 않게 임재하여 계신다는 사실을 분별할 것이다. 또한 요한복음 9:41에서는 육안이 아닌 다른 시력에 관하여 이렇게 알려준다. '예수께서 그들에게(바리새인들에게) 말씀하셨다. 여러분이 눈이 멀었다면 죄가 없을 것입니다. 하지만 여러분이 지금 '우리는 본다'고 말하니 여러분의 죄가 그대로 있습니다(비교. 로마 1:20). 그리스도께서 돌아오신 다음, 일부 사람들은 믿음을 나타내며 그분의 임재의 표징을 인정하게 된다. 다른 사람들은 배척하지만, 그리스도께서 하나님의 집행관으로서 악인들에 대해 행동을 취하실 때, 그들까지도 그분의 능력이 나타남으로 인해서 그 멸망은 사람이 아니라 하늘로부터 오는 것임을 식별할 것이다."(위의 책, p.59).

여호와의 증인의 주장을 요약해 보면 다음과 같다. '예수님의 재림은 육안으로 볼 수 없다. 다만 우리는 재림의 징조들을 봄으로써 예수께서 이 땅에 재림하셨다는 사실을 알 수 있다. 이걸 받아들이는 걸 바로 믿음의 눈으로 보는 것이라고 주장한다. 예수가 이미 재림했다는 걸 받아들이지 못하면 믿음이 없다는 의미다.'

그를 찌른 자들은 누구인가?

여호와의 증인들은 요한계시록 1:7에 그를 찌른 자도 본다는 말에 대하여 그를 찌른 자는 성도들을 핍박하는 자들이라고 해석한다. 여호와의 증인의 주장을 확인해 보자.

> "'그분을 찌른 사람들'은 누구인가? 문자적으로는, 로마 군인들이 예수께서 처형되셨을 때 그렇게 했다. 그러나 그들은 오래전에 죽었다. 그러므로 이 말씀은 '마지막 날'에 그리스도의 참 추종자들을 그와 비슷하게 박해하고 '찌르는' 자들에 관한 것임에 틀림없다. -마태복음 25:40, 45."(위의 책, p.59).

이러한 여호와의 증인의 주장은 재림 때에 성도들을 핍박하는 자들도 예수님의 재림을 보게 된다는 것을 시인하고 있는 것이다.

예수님의 재림은 여러 해의 기간에 걸쳐서 이루어진다고 한다.

여호와의 증인들은 예수님의 재림이 여러 해에 걸쳐서 이루어진다고 한다. 그래서 1914년은 예수님의 재림의 시작이라고 한다. 이러한 여호와의 증인의 주장을 확인해 보자.

> 마태복음 24:37-39; "노아의 날처럼, '사람의 아들'의 임재('올 때', 「새공동」; '임재', 「영」, 「로더럼」, 「다이어글롯」; 그리스어, '파루시아')도 그러할 것입니다. 홍수 전에 그 날들에 노아가 방주에 들어가던 날까지 사람들은 먹고 마시고 장가가고 시집가고 하였습니다. 그러다가 홍수가 닥쳐 그들을 모두 쓸어

버릴 때까지 그들은 유의하지 않았습니다. '사람의 아들'의 임재도 그러할 것입니다(여기에 설명된 '노아의 날'의 사건들은 여러 해의 기간에 걸쳐서 발생했었다. 예수께서는 그분의 임재를 그 때 일어났던 일과 비교하셨다)."(위의 책, p.56).

1914년 예수님의 재림을 여호와의 증인 몇 사람이 이해의 눈으로 알게 되었다.

여호와의 증인의 이러한 주장대로 예수님은 1914년에 보이지 않게 영으로 재림하셨고 세상은 아무도 몰랐으나 몇 사람의 여호와의 증인들이 깨달아 알게 되었으며 이것이 재림의 시작이었다는 것이 여호와의 증인의 재림론이다.

"예수님은 승천하실 때 본 사람들이 예수님의 충성된 사람들뿐이었고 조용하며 떠들썩하지 않았으며 그와 같이 1914년 가을에 이미 오셨고 3년 반 후인 1918년 봄에 영적 성전의 청결 작업을 시작하셨으며 이것은 재림의 시작이며 그의 참 증인들인 여호와의 증인들에게만 알려졌으며 그리고 후에 영으로서 임재함을 뚜렷이 나타낸다."(위의 책, p.233).

여호와의 증인들은 예수님이 1914년에 재림하셨고 재림하신 후에 소수의 여호와의 증인들이 이해의 눈으로 보게 되었다고 한다.

"이 모든 것을 참작하여 볼 때 그는 세상에 떠들썩하게 오시지 않고 조용한 가운데서 구름이 대표하는 바와 같이 보이지 않게 오시지 않으면 안 됩니다. 다만 그의 재림을 깨어 지키고 있는 충성스러운 추종자들만이 그들의 이해의 눈으로써 그가 영으로 임재하여 계신 것을 분별할 수 있습니다."(워치타워 성서책자협회, 《이것은 영원한 생명을 의미합니다》, p.235).

이렇게 재림하신 후에 이해의 눈으로 분별하여 재림을 알게 되었다는 것이다.

"1914년 이래 임재하신 그리스도께서는 그의 두 번째 임재 즉 파루시아의 징조를 모든 곳에 있는 사람에게 나타내어 그것을 이해하게 하셨습니다."(위의 책, p.222).

여호와의 증인의 재림론을 요약하면 예수님은 1914년에 조용히 임재하셨고 임재하신 후에 소수의 여호와의 증인 신도들만이 이해의 눈으로 깨닫게 되었다는 주장이다.

2. 여호와의 증인의 재림론 반증

1914년 재림연대 반증

여호와의 증인의 1914년의 연대 계산은 비성경적이며 맞지 않는 주장이다. 여호와의 증인은 다니엘서 4장의 느부갓네살의 꿈에 나타난 일곱 때의 예언을 1일을 1년으로 계산하여 2520년으로 해석하고 이스라엘의 마지막 왕 시드기야가 폐위된 기원전 607년을 기점으로 2520년을 계산하니 1914년이 된다는 것이다. 그래서 여호와의 증인은 1914년에 예수님이 재림하셨다는 여호와의 증인의 교리를 주장하는 것이다. 이러한 여호와의 증인의 주장에 대하여 하나씩 반증해 본다.

1일을 1년으로 해석하는 것은 맞지 않다.

예언의 1일을 1년으로 계산하는 것은 성경에 근거가 없는 것이다. 여호와의 증인은 "성서는 예언적인 때를 계산하는데, 하루가 일 년으로 환산된다는 점을 알려준다(겔 4:6, 민 14:34)."(워치타워 성서책자협회, 《성경을 사용하여 추리함》, p.264)고 주장했다. 그러나 이것은 성경을 잘못 해석한 오류다. 예언의 1일을 1년으로 계산할 수 없는 이유는 다음과 같다.

① 성경적 근거가 없다.

여호와의 증인은 민수기 14장 34절과 에스겔 4장 6절을 성경의 근거로 제시하고 있으나 이 본문들의 내용은 예언의 1일을 1년으로 계산하라는 뜻이 아니다. 민수기 14장 34절은 이스라엘 정탐꾼이 땅을 탐지한 날수대로 40년간 광야에서 방황할 것을 말했지 예언의 하루를 1년으로 계산하라고 하신 말씀이 아니다.

또 에스겔 4장 6절도 이스라엘이 범죄한 날수대로 에스겔 선지자가 1년을 1일로 계산하여 고난의 모습을 보여줌으로 이스라엘 백성들을 각성시키라고 했는데, 이것 또한 예언의 하루를 1년으로 계산하라는 말씀이 아니다. 성경 어디에도 예언의 1일을 1년으로 계산하라고 한 곳이 없다.

② 성경의 어느 예언도 1일을 1년으로 하여 성취된 것이 없다.

여호와의 증인의 주장대로라면 성경에 이미 성취된 예언들도 1일을 1년으로 해석하는 원칙에 따라 '1일=1년'으로 하여 성취된 사실이 있어야 한다. 그러나 성경 예언의 모든 연대의 성취는 1일을 1년으로 한 사실이 없다. 실제 성경의 예언과 성취를 확인해 보면 이는 자명해진다.

홍수 직전의 7일간과 40일의 강우 예언(창 7:4)은 1일을 1년으로 하여 성취되지 않았고 실제 40일간의 홍수로 성취되었다. 아브라함 자손의 400년간의 유리표박(일정한 집과 직업이 없이 이곳저곳으로 떠돌아다님) 예언(창 15:13)에서도 1일을 1년으로 하여 성취되지 않고 430년만에 예언대로 성취되었다. 떡 맡은 관원장, 술 맡은 관원장의 꿈의 3일간(창 40:12-20)의 예언도 실제로 3일만에 성취되었으며, 바로의 7년 동안의 기근 예언(창 41:25-31)도 1일을 1년으로 하지 않고 7년간으로 하여 성취되었으며, 70년간의 포로 기간의 예언도(렘 25:11) 실제 70년이었으며, 또한 느부갓네살 왕의 일곱 때(단 4:16)의 예언도 7년으로 성취되었다. 성경의 어느 예언도 1일을 1년으로 계산되어 성취된 사실이 없다.

여호와의 증인의 주장대로 예언의 하루를 1년으로 계산한다면 이스라엘 백성의 포로 기간 70년(렘 25:11)은 2만 5천2백년이 된다. 지금도 이스라엘 백성은 포로 기간 중이어야 한다. 아브라함 자손의 400년 유리표박 예언(창 15:13)은 14만 4천년이 된다. 바로 왕의 7년 풍년, 7년 기근 예언(창 41:25-31)은 5040년이 된다. 누가 예언의 하루를 1년으로 계산하라고 했는가? 여호와의 증인의 예언의 하루를 1년으로 계산하는 것은 맞지 않는 비성경적인 해석이다. 따라서 1일을 1년으로 계산하는 여호와의 증인의 1914년 재림설은 맞지 않다

단 4장의 일곱 때의 예언은 재림예언이 아니다(단 4:32-34).

여호와의 증인들은 다니엘 4장 16절의"또 그 마음은 변하여 사람의 마

음 같지 아니하고 짐승의 마음을 받아 일곱 때를 지내리라"라는 말씀에서 일곱 때를 재림의 예언으로 해석 하여 1914년 예수님의 재림을 말하고 있다. 그러나 다니엘 4장의 예언은 재림 예언을 말하고 있지 않다. 다니엘은 이 느부갓네살 왕의 꿈을 해석하였다. 일곱 때의 예언이 재림에 관한 것이 아니고 느부갓네살에 대한 것임을 말하였다.

"왕이여 그 해석은 이러하니이다 곧 지극히 높으신 이가 명령하신 것이 내 주 왕에게 미칠 것이라 왕이 사람에게서 쫓겨나서 들짐승과 함께 살며 소처럼 풀을 먹으며 하늘 이슬에 젖을 것이요 이와 같이 일곱 때를 지낼 것이라 그 때에 지극히 높으신 이가 사람의 나라를 다스리시며 자기의 뜻대로 그것을 누구에게든지 주시는 줄을 아시리이다"(단 4:24-25).

다니엘의 해석대로 일곱 때의 예언은 느부갓네살 왕에게 이루어졌다. "이 모든 일이 다 나 느부갓네살 왕에게 임하였느니라"(단 4:28) 이 일곱 때의 예언이 재림에 대한 예언이라는 근거는 찾아볼 수 없다. 그러나 여호와의 증인들은 이 예언이 재림에 대한 예언이라고 주장한다.

여호와의 증인들은 이렇게 주장한다.

> "그 예언이 느부갓네살에게 성취되었음을 알려 준다. 그러나 그 예언에는 더 큰 성취가 있다. 어떻게 그 점을 알 수 있는가? 3절과 17절에서는 하느님께서 느부갓네살에게 주신 그 꿈이 하느님의 왕국 및 '자신(하느님)이 인간 가운데 가장 낮은 자'에게 그 왕국을 주시겠다는 하느님의 약속과 관련된다는 점을 알려 준다. 성서 전체는 여호와의 목적이 그의 독특한 아들인 예수 그리스도께서 그 분의 대행자로서 인류를 다스리는 것임을 알려 준다(시 2:1-8, 다니엘 7:13, 14; 고린도첫째 15:23-25; 계시 11:15, 12:10). 예수에 대한 성서의 설명은 그분이 '가장 낮은 자'였음을 알려 준

다(빌 2:7, 8; 마태 11:28-30). 그러므로 예언적 꿈은 그분의 독생자에게 인류에 대한 통치권을 주실 때를 지적해 준다."(워치타워 성서책자협회, 《성경을 사용하여 추리함》, p.56)

이러한 여호와의 증인의 해석은 엉터리이며 억지 해석이다. 다니엘 4장 3절과 17절의 말씀은 하나님의 주권에 대한 말씀이지 재림 예언을 말하는 것이 아니다. 여호와의 증인이 주장하는 17절은 "이는 순찰자들의 명령대로요 거룩한 자들의 말대로이니 지극히 높으신 이가 사람의 나라를 다스리시며 자기의 뜻대로 그것을 누구에게든지 주시며 또 지극히 천한 자를 그 위에 세우시는 줄을 사람들이 알게 하려 함이라 하였느니라"라고 되어 있다.

이 구절에서 '천한 자'가 예수님을 뜻한다고 여호와의 증인은 말한다. 예수님이 재림하셔서 하나님의 왕국을 세울 것에 대한 예언이라는 것이다. 그러나 이 구절에서 나라는 하나님의 왕국을 말하는 것이 아니다. '사람의 나라'라고 하였다. 즉 느부갓네살이 다스리는 사람의 나라에 대한 것이다. 세상의 사람의 나라도 하나님께 주권이 있다는 말씀인 것이다. 이 구절을 인용해서 재림 예언이라고 하는 여호와의 증인의 주장은 맞지 않다.

재림의 때를 알 수 없다는 말씀은 1914년 재림이 맞지 않다는 것을 의미한다.

성경은 재림의 날짜에 대하여 알 수 없다고 명백하게 말씀하고 있다. "그러나 그 날과 그 때는 아무도 모르나니 하늘에 있는 천사들도 아들도 모르고 아버지만 아시느니라"(마 13:32). 이렇게 재림의 날짜를 알 수 없다고 성경은 증거하는데 여호와의 증인은 재림의 때가 예언되었다는 것이다. 여호와의 증인의 말대로 단 4장에 예수님의 재림의 때가 예언되었다면 그 날과 그 시는 아무도 알 수가 없다고 하신 주님의 말씀은 거짓말이 되고 마는 것이다. 단 4장의 일곱 때의 예언은 재림의 예언이 될 수가 없는 것이다. 1914년에 예수님께서 재림하셨다고 주장하는 여호와의 증인들의 교리는 맞지 않다.

영으로 보이지 않게 임재했다는 주장은 맞지 않다.

여호와의 증인들은 예수님의 재림은 영으로 보이지 않게 임재하시는 것이라고 한다. 그 근거로 마태복음 24장 37절에 재림에 대한 헬라어 단어로 임재를 의미하는 '파루시아'가 쓰였기 때문이라는 것이다. 여호와의 증인들은 '파루시아'는 임재를 의미하는 단어이며 '에르코마이'는 아마겟돈 전쟁에 집행관으로 오시는 것에 쓰였다고 한다(위의 책, p.56).

즉 보이지 않게 임재하는 것을 나타내는 단어는 '파루시아'이며 보이는 모습으로 나타나는 것을 말하는 단어는 '에르코마이'라는 말이다. 재림에 대하여 '에르코마이'가 쓰이지 않고 '파루시아'가 쓰였기 때문에 재림을 영의 임재로 보아야 한다는 것이 여호와의 증인의 주장이다.

그러나 이러한 여호와의 증인의 주장은 맞지 않는 엉터리 주장이다. '파루시아'는 '임재'라는 뜻 외에도 강림, 출현, 나타남의 뜻이 있다(살전 2:19, 살전 4:15, 고후 7:6, 10:10, 벧후 3:4, 12). 고린도후서 7장 6절에 "그러나 낙심한 자들을 위로하시는 하나님이 디도가 옴 '파루시아'으로 우리를 위로하셨으니"라고 하였다. 디도가 오는 것이 '파루시아'로 되어 있다. 디도가 바울이 있는 곳으로 몸이 온 것이지 영이 임재한 것이 아니다.

또 고린도후서 10장 10절에는 "그들의 말이 그의 편지들은 무게가 있고 힘이 있으나 그가 몸으로 대할 때 '파루시아'는 약하고 그 말도 시원하지 않다 하니"라고 되어 있다. 몸으로 대하는 것이 '파루시아'로 쓰였다. 몸으로 대하는 것이 어떻게 영의 임재라고 할 수 있겠는가? '몸으로 대하는' 것을 '파루시아'로 쓴 것으로 보아 재림에 대하여 '파루시아'가 쓰였기 때문에 예수님의 재림을 영의 '임재'로 해석해야 한다는 여호와의 증인의 주장은 맞지 않다.

그러면 '오다'의 뜻인 '에르코마이'는 재림에 대하여 쓰이지 않았는가? 성경에 재림에 관한 많은 구절들이 '에르코마이'로 되어 있다. "예수께서 이르시되 네가 말하였느니라. 그러나 내가 너희에게 이르노니 이후에 인자가 권능의 우편에 앉아 있는 것과 하늘 구름을 타고 오는(에르코마이) 것을 너희가 보리라 하시니"(마 26:64), "그 때에 사람들이 인자가 구름을 타고 능력과 큰 영광으로 오는(에르코마이) 것을 보리라"(눅 21:27), "볼지어다 그가 구름을 타고 오시리라(에르코마이) 각 사람의 눈이 그를 보겠고 그를 찌른 자들도 볼 것이요 땅에 있는 모든 족속이 그로 말미암아 애곡하리니 그러하리라 아멘"(계 1:7). 이와 같이 성경에 재림에 대하여 기록된 많은 구절들이 '에르코마이'로 쓰였다. 재림은 '파루시아'뿐 아니라 '에르코마이'로 기록되었기 때문에 보이지 않는 임재라고 주장하는 여호와의 증인의 주장은 맞지 않다.

소수의 여호와의 증인들만 이해의 눈으로 본다는 것은 맞지 않다.

여호와의 증인들은 예수님의 재림은 아무나 볼 수 없다고 한다. 특히 충성스러운 몇 사람의 여호와의 증인들만 보게 된다고 주장한다(위의 책, p.57).

이러한 이들의 주장에 의하면 1914년에 예수님은 재림하셨고 몇 사람의 여호와의 증인들이 '이해의 눈'으로 보았다고 한다. 그러나 이들의 이러한 주장은 성경과 맞지 않다. 성경은 모든 사람이 볼 수 있도록 오신다고 되어 있다. "볼지어다 그가 구름을 타고 오시리라 각 사람의 눈이 그를 보겠고 그를 찌른 자들도 볼 것이요 땅에 있는 모든 족속이 그로 말미암아 애곡하리니 그러하리라 아멘"(계 1:7). 이 본문에는 '이해의 눈'이 아닌 각 사람의 눈이 본다고 하였다. 신앙이 없는 세상 사람까지도 다 보게 된다고 하였다.

재림 때 애곡하는 사람들은 세상 사람을 말하고 있다. 그들은 구원받지 못한 사람이기에 '그로 말미암아 애곡'하는 것이다. 땅의 모든 족속, 즉 불신자들이 재림을 보며 애곡하게 되는 것이다. 심지어 '그를 찌른 자'까지도 볼 것이라고 하였다. '찌른 자'는 성도들을 박해하는 사람들이라고 여호와의 증인도 말하고 있다(위의 책, p.59).

여호와의 증인이 아닌, '이해의 눈'이 전혀 없는 찌른 자도 본다고 하였다. 재림은 소수의 무리가 아닌 많은 사람이 보게 된다. "그 때에 인자의 징조가 하늘에서 보이겠고 그 때에 땅의 모든 족속들이 통곡하며 그들이 인자가 구름을 타고 능력과 큰 영광으로 오는 것을 보리라"(마 24:30). 예수님이 구름 타고 재림하시는 모습을 모든 족속이 통곡하면서 보는 것이다. 세상 사람들이 예수님의 재림을 볼 수 없다는 여호와의 증인의 주장은 맞지 않다.

구름은 보이지 않게 온다는 뜻이라는 주장은 맞지 않다.

여호와의 증인들은 예수님께서 구름 타고 오신다고 한 것은 보이지 않게 오신다는 의미라고 주장한다(위의 책, p.58). 성경에 예수님께서 구름을 타고 오신다고 예언되어 있는데 이것은 보이지 않게 오신다는 예언이라는 것이다. 이러한 여호와의 증인의 주장은 엉터리이다. 성경에 재림에 대하여 예언한 모든 말씀들을 다 찾아 봐도 보이지 않게 오신다는 의미는 없다. 오히려 재림에 관한 모든 성경의 말씀들은 '본다'는 것을 강조하고 있다.

"그 때에 인자의 징조가 하늘에서 보이겠고 그 때에 땅의 모든 족속들이 통곡하며 그들이 인자가 구름을 타고 능력과 큰 영광으로 오는 것을 보리라"(마 24:30).

"예수께서 가라사대 네가 말하였느니라 그러나 내가 너희에게 이르노니 이 후에 인자가 권능의 우편에 앉은 것과 하늘 구름을 타고 오는 것을 너희가 보리라 하시니"(마 26:64).

"그 때에 인자가 구름을 타고 큰 권능과 영광으로 오는 것을 사람들이 보리라"(막 13:26).

"이르시되 내가 그니라 인자가 권능자의 우편에 앉은 것과 하늘 구름을 타고 오는 것을 너희가 보리라 하시니"(막 14:62).

"그 때에 사람들이 인자가 구름을 타고 능력과 큰 영광으로 오는 것을 보리라"(눅 21:27).

"볼지어다 구름을 타고 오시리라 각인의 눈이 그를 보겠고 그를 찌른 자들도 볼 터이요 땅에 있는 모든 족속이 그를 인하여 애곡하리니 그러하리라 아멘"(계 1:7).

성경에 구름을 타고 보이지 않게 오신다는 구절은 찾아볼 수 없다. 따라서 예수님이 보이지 않게 오신다는 여호와의 증인의 주장은 맞지 않다.

가심을 본 그대로라고 했으니 소수의 무리만 본다는 것은 맞지 않다.

여호와의 증인들은 행 1장 11절에 가심을 본 그대로 오시리라고 하였으니 예수님께서 승천하실 때 제자들 몇 사람만 보았듯이 재림할 때도 소수의 무리만이 보게 된다고 주장한다. 예수님이 승천하실 때 제자들만이 보았고 세상은 알지 못했던 것처럼 재림 때에도 소수의 제자들만이 보고 세상은 알지 못한다는 것이다.

여호와의 증인의 이러한 성경 해석은 엉터리이다. 성경은 "이르되 갈릴리 사람들아 어찌하여 서서 하늘을 처다보느냐 너희 가운데서 하늘로 올려지신 이 예수는 하늘로 가심을 본 그대로 오시리라 하였느니라"(행 1:11). '예수님이 하늘로 올라가심을 본 그대로'이다. 누가 그 장면을 보았느냐에 관한 말이 아니다. '예수님'에 관한 것이다. 예수님이 몸으로 승천하셨기 때문에 오실 때도 하늘에서 그 몸으로 강림하신다는 말씀이다. 하늘로 올라가셨으니 하늘에서 오신다는 것이며, 몸이 승천하셨으니 몸으로 재림하신다는 말씀인 것이다.

'하늘로 가심을 본 그대로'라는 말은 목격자가 몇 명이냐에 대한 말이 아니다. 예수님의 재림을 목격하는 사람들은 땅의 모든 족속들이다. "그 때에 인자의 징조가 하늘에서 보이겠고 그 때에 땅의 모든 족속들이 통곡하며 그들이 인자가 구름을 타고 능력과 큰 영광으로 오는 것을 보리라"(마 24:30).

재림이 여러 해의 기간에 걸쳐서 이루어진다는 주장은 맞지 않다. 여호와의 증인들은 예수님의 재림이 여러 해를 걸쳐서 장기간 이루어진다고 한다.

> "마태복음 24:37-39; 노아의 날처럼, '사람의 아들'의 임재('올 때', 「새공동」; '임재', 「영」, 「로더럼」, 「다이어글롯」; 그리스어. '파루시아')도 그러할 것입니다. 홍수 전에 그 날들에 노아가 방주에 들어가던 날까지 사람들은 먹고 마시고 장가가고 시집가고 하였습니다. 그러다가 홍수가 닥쳐 그들을 모두 쓸어버릴 때까지 그들은 유의하지 않았습니다. '사람의 아들'의 임재도 그러할 것입니다(여기에 설명된 '노아의 날'의 사건들은 여러 해의 기간에 걸쳐서 발생했었다. 예수께서는 그분의 임재를 그 때 일어났던 일과 비교하셨다)."(워치타워 성서책자협회, 《성경을 사용하여 추리함》, p.56).

이러한 여호와의 증인의 주장은 성경과 맞지 않다. 예수께서는 재림에 대하여 말씀하실 때 "번개가 동편에서 나서 서편까지 번쩍임 같이 인자의 임함도 그러하리라"(마 24:27)고 하셨다. 재림은 번개가 번쩍임같이 순식간에 이루어진다는 것이다. 번개가 번쩍일 때 순식간에 끝난다. 여러 해에 걸쳐서 번개가 칠 수 없듯이 예수님의 재림은 여러 해에 걸쳐서 이루어지는 것이 아니다. 여호와의 증인의 장기간 재림설은 맞지 않다.

예수님의 재림은 조용하게 이루어지지 않는다.

여호와의 증인들은 1914년에 예수님의 재림이 조용하게 이루어졌다고 한다.

"조용하며 떠들썩하지 않았으며 그와 같이 1914년 가을에 이미 오셨고 3년 반 후인 1918년 봄에 영적 성전의 청결 작업을 시작하셨으며 이것은 재림의 시작이며 그의 참 증인들인 여호와의 증인들에게만 알려졌으며 그리고 후에 영으로서 임재함을 뚜렷이 나타낸다."(워치타워 성서책자협회, 《이것은 영원한 생명을 의미합니다》, p.233).

여호와의 증인들은 예수님의 재림이 조용하게 보이지 않게 임재하셨다고 한다. 그러나 성경은 예수님의 재림이 조용하게 이루어지지 않는다고 증거하고 있다. "주께서 호령과 천사장의 소리와 하나님의 나팔로 친히 하늘로 좇아 강림하시리니 그리스도 안에서 죽은 자들이 먼저 일어나고 그 후에 우리 살아남은 자도 저희와 함께 구름 속으로 끌어올려 공중에서 주를 영접하게 하시리니 그리하여 우리가 항상 주와 함께 있으리라"(살전 4:16-17). 이 본문에서 '호령', '천사장의 소리', '하나님의 나팔'은 결코 조용한 재림이 아님을 말씀하고 있다. "그 때에 인자의 징조가 하늘에서 보이겠고 그 때에 땅의 모든 족속들이 통곡하며 그들이 인자가 구름을 타고 능력과 큰 영광으로 오는 것을 보리라"(마 24:30). 땅의 모든 족속이 통곡한다는 것은 결코 조용한 재림이 아니라는 것이다. 여호와의 증인들의 말대로 1914년에 조용하게 보이지 않게 재림을 했다면 그것은 예수님의 재림이 아니다. 예수님의 재림은 조용한 재림이 아니기 때문이다.

재림 시에 일어날 사건으로 볼 때 1914년 재림은 맞지 않다.

성경은 예수님의 재림 때에는 중요한 사건들이 일어날 것을 예언하고 있다. 예수님의 재림 때에는 자는 성도들 즉 구원받고 죽은 성도들이 부활한다. "주께서 호령과 천사장의 소리와 하나님의 나팔로 친히 하늘로 좇아 강림하시리니 그리스도 안에서 죽은 자들이 먼저 일어나고"(살전 4:16). '그리스도 안에서 죽은 자'는 구원받은 성도를 말한다. 구원받고 죽은 모든 성도들이 예수님의 재림 때에 부활한다고 하였다. "보라 내가 너희에게 비밀을 말하노니 우리가 다 잠잘 것이 아니요 마지막 나팔에 순식간에 홀연히 다 변화하리니 나팔 소리가 나매 죽은 자들이 썩지 아니할 것으로 다시 살고 우리도 변화하리라"(고전 15:51-52).

마지막 나팔은 재림의 나팔이다. 재림의 나팔 소리가 나면 자던 성도들이 부활하게 된다. 여호와의 증인들의 주장대로 1914년에 예수님이 재림하셨다면 그동안 구원받고 죽은 모든 성도가 부활했어야 한다. 1914년에 성도의 부활이 없었기 때문에 여호와의 증인의 1914년 재림 주장은 맞지 않다.

예수님께서 재림하시면 이 세상에 있는 모든 이단 교주들은 죽임을 당한다. "그 때에 불법한 자가 나타나리니 주 예수께서 그 입의 기운으로 그를 죽이시고 강림하여 나타나심으로 폐하시리라"(살후 2:8). 본문의 불법한 자는 자기를 하나님이라고 하는 자를 말한다(4절). 이러한 모든 이단 교주들은 예수님의 강림(파루시아)하여 나타나심으로 죽이시고 폐하신다고 하였다.

여호와의 증인의 주장대로 1914년에 예수님이 재림하셨다면 이러한 일이 있어야 한다. 1914년에는 이런 일이 없었을 뿐 아니라 자기를 하나님이라고 주장하는 자들이 계속 온 세계에 지금까지도 존재하고 있다. 이런 점을 볼 때 여호와의 증인의 1914년 재림 주장은 맞지 않는 것이다.

예수님이 재림하시면 구원받은 성도들이 휴거된다고 하였다. "그 후에 우리 살아남은 자들도 그들과 함께 구름 속으로 끌어올려 공중에서 주를 영접하게 하시리니 그리하여 우리가 항상 주와 함께 있으리라"(살전 4:17). 재림 때에는 자던 성도들은 부활하게 되고 살아 있던 성도들은 홀연히 변화되어 구름 속으로 끌어올려 공중에서 주님을 만나고 천국에서 살게 되는 것이다. 1914년에 예수님이 재림하셨다면 휴거 사건이 있었는가? 여호와의 증인의 교주 럿셀도 공중에 올라가지 못하고 1916년에 죽고 말았다. 이로 보아 여호와의 증인의 1914년 재림설은 맞지 않는다.

제4장

왕국론

1. 여호와의 증인의 주장

여호와의 증인들은 '하나님의 나라', '천국'에 대한 그들의 교리가 있다. 하나님의 나라에 대한 여호와의 증인 교리를 '왕국론'이라고 한다. 여호와의 증인의 '왕국론'은 정통 기독교의 '하나님의 나라'와 전혀 다른 이단적인 교리이다. 이러한 여호와의 증인의 왕국론을 살펴본다.

1) 왕국(하나님의 나라)은 하나님이 만드신 정부이다.

왕국은 실재하는 정부이다.

여호와의 증인들은 하나님의 나라인 왕국은 실재하는 정부라고 한다.

> "하느님의 왕국은 실재하는 정부인가? 그렇지 않으면, 그것은 사람의 마음속에 있는 상태인가? 누가 17:21, 「개역」: '또 여기 있다 저기 있다고도 못하리니 하나님의 나라는 너희 안에[또한 「오영성」, 「두에」; 반면 '너

회 가운데', 「새」, 「왕역」난외, 「신영성」, 「예루살렘」; '너희 한가운데에', 「개
표」; '당신들 가운데', 「신세」」 있느니라'(20절에 나와 있듯이, 예수께서는 그분
이 위선자들이라고 폭로하신 바리새인들에게 말씀하고 계셨음에 유의하라. 그러므
로 그분은 그 왕국이 그들의 마음속에 있다는 뜻으로 말씀하실 수 없었을 것이다.
그러나 그리스도로 대표된 그 왕국은 그들 사이에 있었다. 그러므로 「다이어글롯」
에는 이처럼 되어 있다. '하느님의 왕의 위엄이 너희 가운데 있느니라')."(워치타워
성서책자협회, 《성경을 사용하여 추리함》, p.297).

이와 같이 여호와의 증인들은 마음에 이루어지는 하나님의 나라는 부
인하고 세상에 실재하는 정부라고 주장한다. 여호와의 증인들은 하나님
의 나라를 "하느님의 왕국은 여호와 하느님께서 설립하시고 그분이 택하
신 왕이 다스리는 정부입니다."(워치타워 성서 책자협회, 《성서는 실제로 무엇을 가
르치는가?》, p.77)라고 했다.

왕국의 왕은 예수 그리스도이다.

여호와의 증인들이 말하는 왕국의 왕은 예수 그리스도시라고 한다.

"하느님의 왕국의 왕은 누구입니까? 예수 그리스도이십니다. 왕 예수는
모든 인간 통치자들보다 크시고, '왕으로 통치하는 이들의 왕이시며, 주
로서 통치하는 이들의 주'로 불리십니다(딤전 6:15). 그분은 어떤 인간 통
치자보다도, 아니 그들 중 가장 훌륭한 통치자보다도 훨씬 더 훌륭하게
다스릴 능력을 갖고 계십니다."(위의 책, p.77).

여호와의 증인들은 이렇게 예수님이 왕으로 통치하는 정부가 하나님의

나라인 왕국이라고 한다.

예수님과 함께 14만 4000명이 왕으로 통치하는 왕국이다.

여호와의 증인이 말하는 이 왕국에는 예수님이 왕이실 뿐 아니라 14만 4천명이 왕으로 통치한다는 것이다.

> "요한계시록 5:9, 10; (예수 그리스도께서) 당신은 살육을 당하시고, 당신의 피로 하느님을 위하여 모든 부족과 언어와 백성과 나라 가운데서 사람들을 사셨기 때문입니다. 그리고 그들로 우리 하느님에게 왕국과 제사장이 되게 하셨으니 그들은 왕으로서 땅을 통치하게 될 것입니다."(계 14:1-3 에서는 하늘의 시온 산에서 '어린 양'과 함께 통치자들이 되는 '땅으로부터 사신 바된' 자들의 수가 14만 4천명이라고 알려 준다).

14만 4천명이 나라의 제사장이 되어 예수님과 함께 세상을 다스린다는 것이다. 이 14만 4천명은 어떤 사람들인가? 여호와의 증인들은 이렇게 말한다.

> "이 14만 4천명은 누구입니까? 요한이 직접 이렇게 알려 줍니다. '그들은 어린 양이 가는 곳이면 어디든지 계속 따라가는 사람들이다. 그들은 인류 가운데서 사신 바 되어 하느님과 어린 양에게 첫 열매로 바쳐진 사람들(이다)(계 14:1, 4). ' 그렇습니다. 그들은 예수 그리스도를 충실하게 따르는 사람들로서, 그분과 함께 하늘에서 다스리도록 특별히 선택된 이들입니다. 하늘에서 살도록 부활된 다음에 그들은 (예수와 함께) 땅을 통치하게 될 것입니다."(워치타워 성서책자협회, 《성서는 실제로 무엇을 가르치는가?》, p.77).

충실한 '여호와의 증인'들 중에서 실적을 쌓은 사람들이 14만 4천인이 되어 하늘에서 땅을 통치한다는 주장이다.

1914년에 왕국이 시작되었다.

여호와의 증인들은 1914년에 예수님이 재림하셨고, 재림하신 예수님은 하나님의 나라인 왕국을 건설하셨고, 그 왕국의 왕으로 계신다고 한다. 1914년에 왕국이 시작되었다는 여호와의 증인의 주장을 살펴보자.

> "그러면 그 때는 1914년까지 어떻게 계산되는가? 2520년을 기원전 607년 10월 초부터 계산하면 도표에서 알려주는 것처럼, 기원 1914년 10월 초에 이른다. 그 때에 어떤 일이 발생했는가? 여호와께서는 하늘에서 영광스럽게 되신 그분의 친아들이신 예수 그리스도에게 인류에 대한 통치권을 맡기셨다"(위의 책, p.265).

> "또한 계시 12:12는 예수 그리스도께 맡겨진 왕국이 1914년에 설립되면서 뒤따르는 사건들을 알려준 다음 이처럼 부가한다. '하늘과 그 안에 거하는 자들아 기뻐하여라!' 땅과 바다에는 화가 있다. 마귀가 자기에게 남은 기간이 짧은 줄을 알고 몹시 화내어 너희에게 내려갔기 때문이다."(위의 책, p.266).

여호와의 증인들은 예수님이 1914년에 재림하셔서 왕이 되셨고 사탄을 하늘에서 쫓아내시는 일을 하셨다고 한다.

> "이 책의 앞장에서는 예수 그리스도께서 1914년에 하늘에서 왕이 되셨

다고 설명하였습니다(단 7:13, 14). 예수께서는 왕권을 받으시자 곧 행동을 취하셨습니다. 성서는 이렇게 알려 줍니다. '하늘에서 전쟁이 일어났다. 미가엘(예수의 다른 이름)과 그의 천사들이 용(사탄 마귀)과 맞서 싸웠고, 용과 그 천사들도 싸웠다.' 사탄과 그의 악한 천사들인 악귀들은 전쟁에서 패하여 하늘에서 땅으로 쫓겨났습니다. 하느님의 충실한 천사 아들들은 사탄과 그의 악귀들이 사라진 것에 대해 기뻐하였습니다."(위의 책, p.87).

그렇다면 1914년에 예수께서 재림하셔서 세운 왕국은 어디에 있는가? 바로 여호와의 증인 신도들이 예수님이 세운 왕국이라고 한다. 그래서 여호와의 증인들은 자신들의 교회 이름을 '여호와의 증인 왕국 회관'이라고 하는 것이다.

아마겟돈 전쟁

여호와의 증인들은 1914년 이래 세상에 있는 하나님의 왕국인 여호와의 증인들의 정부는 성경의 예언대로 영원히 있게 된다고 주장한다.

"단 2:44; '이 왕들의 날에 하늘의 하느님께서 결코 파멸되지 않을 한 왕국을 세우실 것인데' 그 왕국은 다른 백성에게로 넘어가지 않을 것입니다. 그것은 이 모든 왕국을 부서뜨리고 멸할 것이며, 한정 없는 때까지 서 있을 것입니다."(위의 책, p.298).

이렇게 영원히 있게 될 하나님의 나라인 여호와의 증인의 왕국은 1914년부터 있었으며 세상 나라의 정부들도 같이 존재하고 있다고 한다. 세상의 정부들은 계속 가는 것이 아니고 없어지는 때가 있다고 한다. 여호와의 증인들은 자신들의 정부인 왕국이 세상의 나라들 정부를 없애 버릴 때가 온다는 것이다. 그때는 하나님의 왕국인 여호와의 증인의 정부와 세상 나라들과의 전쟁이 있을 것이라고 한다.

> "첫 번째로, 이 성구에서는 하느님의 왕국이 '이 왕들의 날에', 즉 다른 왕국들이 아직 존재할 때 세워질 것임을 알려줍니다. 두 번째로, 이 성구에 의하면 그 왕국은 영원히 존재할 것입니다. 다른 어떤 정부에 의해 정복되거나 교체되는 일이 없을 것입니다. 세 번째로, 우리는 하느님의 왕국과 이 세상의 왕국들 사이에 전쟁이 있을 것임을 알게 됩니다. 승리는 하느님의 왕국의 것이 될 것입니다. 결국 그 왕국은 인류를 통치하는 유일한 정부가 될 것입니다. 그렇게 되면 인간은 이제껏 경험해 본 적이 없는 최상의 통치를 받게 될 것입니다."(위의 책, p.81).

하나님의 왕국인 여호와의 증인의 정부와 세상의 나라들 정부 간에 전쟁이 있을 것이고, 그 승리는 하나님의 왕국인 여호와의 증인 왕국이다. 이 전쟁에서 세상의 모든 나라와 정부들을 없애 버린다는 것이다. 세상의 나라들과 정부들을 없애 버리는 이 전쟁을 여호와의 증인들은 '아마겟돈 전쟁'이라고 한다. 여호와의 증인들은 이 아마겟돈 전쟁을 기다리고 있다.

> "성서는 하느님의 왕국과 이 세상의 정부들 사이에 벌어질 그 마지막 전쟁에 관해 많은 점을 알려줍니다. 예를 들어, 성서의 가르침에 의하면, 악한 영들은 끝이 가까워 올 때 '사람이 거주하는 온 땅의 왕들'을 속이는 거짓말을 퍼뜨릴 것입니다. 그렇게 하는 목적이 무엇입니까? 왕들을 전능

자이신 하느님의 큰 날의 전쟁으로 모으기 위해서입니다. 땅의 왕들은 '히브리어로 하르마게돈이라고 하는 곳'에 모아지게 될 것입니다(계 16:14, 15). 이 두 성구에서 알려주는 내용 때문에 인간 정부들과 하느님의 왕국 사이에 벌어질 마지막 전쟁을 하르마게돈 전투, 즉 아마겟돈이라고 합니다."(위의 책. p.81–82).

아마겟돈 전쟁으로 세상 나라들은 없어지고 여호와의 증인의 왕국으로 세계는 통일되어 세상이 낙원이 된다는 것이 여호와의 증인의 종말론이다.

여호와의 증인의 병역 거부

여호와의 증인들은 자신들이 여호와의 증인의 왕국의 백성들이라고 생각한다. 아마겟돈 전쟁으로 여호와의 증인의 왕국이 이 세상의 나라와 정부들을 없애 버릴 것이기 때문에, 여호와의 증인들은 세상의 나라들을 아마겟돈 전쟁에서 전쟁을 해야 할 자신들의 적국이라고 생각한다. 그래서 여호와의 증인들은 애국가 봉창을 하지 않으며 국기배례를 하지 않는다. 그리고 절대로 군복무를 거부한다. 표면적으로는 양심적 병역 거부라고 하지만 실제로는 잘못된 여호와의 증인 교리인 왕국론 때문에 그렇게 하는 것이다. 이들의 교리에 의하면 대한민국 정부는 여호와의 증인의 왕국과 아마겟돈 전쟁을 해야 하는 적국이다. 그래서 여호와의 증인 교리에 의하면 신도들은 절대로 군대에 갈 수 없다. 여호와의 증인은 자신들의 왕국의 백성으로서 절대로 적국의 군인이 될 수 없다는 것이다.

여호와의 증인 신도들의 말에 의하면 만일 여호와의 증인 신도들이 군대에 복무했다가 그 사이에 아마겟돈 전쟁이 일어날 경우 세상 정부의 군인이 돼 여호와의 증인의 왕국 군대와 전쟁을 하는 꼴이 되기 때문에 목숨 걸고 입대를 거부해야 한다는 것이다. 여호와의 증인 신도들은 한국 땅에 살고 있지만 여호와의 증인 왕국이 따로 있고, 자신들의 왕국을 이루기 위해서 사는 사람들이다.

여호와의 증인들이 평화를 위해서 전쟁이 싫어서 병역을 거부한다는 양심적 병역 거부는 거짓말이다. 여호와의 증인들이 병역 거부를 할 때 표면적으로 내세우는 이론들이 있다. 첫째는 하나님께서는 전쟁을 싫어하신다. 둘째는 군대를 만드는 것을 원하지 않으신다. 하나님의 백성들은 군대가 없어야 한다. 인간을 살상하는 군대가 없어야 평화가 올 수 있다. 그래서 여호와의 증인은 평화를 위해 양심적인 병역 거부를 한다는 것이다.

2. 왕국론 반증

1) 왕국이 1914년에 시작되었다는 주장에 대한 반증

천국(왕국)이 가까웠다고 했다.

세례 요한은 광야에서 외치기를 "회개하라 천국이 가까왔느니라 하였으니"(마 3:2)라고 했다. 세례 요한이 1914년에 이루어질 천국(왕국)을 가까웠다고 전파했다고는 할 수 없다. 약 1,900년 후에야 왕국이 이루어질 텐데 가까웠다고 전파했을 리 없다. 세례 요한뿐 아니라 예수님께서도 "이

때부터 예수께서 비로소 전파하여 가라사대 회개하라 천국이 가까웠느니라"(마 4:17) 천국이 가까웠다고 전파하셨으며 그 제자들에게도 "가면서 전파하여 말하되 천국이 가까웠다"(마 10:7)고 전하라고 명하셨다.

1,900년 후인 1914년에야 이루어질 천국을 가까웠다고 전파하셨겠는가? 예수님께서는 '때가 찼다'고 말씀하셨다. "이르시되 때가 찼고 하나님의 나라가 가까이 왔으니 회개하고 복음을 믿으라 하시더라"(막 1:15). 예수님 당시에 이미 때가 찼다고 한 것으로 보아 하나님의 왕국이 1914년 이루어졌다고 할 수 없다. 1914년 왕국설의 주장은 맞지 않다.

왕국(천국)은 초림 때 시작되었다.

여호와의 증인은 1914년에 왕국이 시작되었다고 하나 성경은 초림 때 이미 왕국이 시작되었다고 한다. "그러나 내가 하나님의 성령을 힘입어 귀신을 쫓아내는 것이면 하나님의 나라가 이미 너희에게 임하였느니라"(마 12:28). 예수님은 바리새인들에게 하나님의 나라(왕국)가 이미 임했다고 하셨다. 예수님이 초림하셨을 때 왕국은 시작된 것이다. 그래서 초림 이후로 왕국은 계속 이어져 왔다. 초림 이후에 구원받은 성도가 하나님의 나라이며 왕국이다. 초대교회 성도들은 이미 하나님의 나라(왕국)를 받았다고 한다.

"그러므로 우리가 흔들리지 않는 나라를 받았은즉 은혜를 받자 이로 말미암아 경건함과 두려움으로 하나님을 기쁘시게 섬길지니"(히 12:28). 초대교회 성도들은 이미 흔들리지 않는 나라(왕국)를 받았다고 한다. 1914년에 왕국이 이루어지는 것이 아니라 초대교회 때부터 하나님의 나라를 받은 것이다. 누구나 예수 믿고 구원받으면 하나님의 나라(왕국)로 옮겨진다. "그가 우리를 흑암의 권세에서 건져내사 그의 사랑의 아들의 나라로 옮기셨으니"(골 1:13).

하나님의 왕국은 1914년에 시작된 것이 아니라 초림 때에 시작되었고, 구원받은 성도들이 곧 하나님의 나라이며 왕국이 된다. "그러나 너희는 택하신 족속이요 왕 같은 제사장들이요 거룩한 나라요 그의 소유가 된 백성이니 이는 너희를 어두운 데서 불러내어 그의 기이한 빛에 들어가게 하신 이의 아름다운 덕을 선포하게 하려 하심이라"(벧전 2:9). 1914년 이전부터, 여호와의 증인이 있기 전부터 성도는 하나님의 나라요 왕국이었던 것이다. 따라서 여호와의 증인의 1914년 왕국설은 맞지 않는다.

사탄은 1914년에 하늘에서 떨어진 것이 아니다.

여호와의 증인들은 1914년 예수님이 재림하여 왕국을 만드시고 하늘에서 사탄을 쫓아내는 일을 하셨다고 한다.

> "예언에서는 이제 어떤 일이 있을 것인지를 이렇게 묘사합니다. '나는 하늘에서 큰 음성이 이렇게 말하는 것을 들었다. 이제 우리 하느님의 구원과 권세와 왕국과 그분의 그리스도의 권위가 이루어졌다. 우리 형체들을 고발하는 자, 곧 그들을 주야로 우리 하느님 앞에서 고발하는 자(사탄)가 내던져졌기 때문이다!'(계 12:10). 이 성구에서 매우 중요한 두 가지 사건을 묘사하는 것에 유의하였습니까? 첫 번째는 예수 그리스도가 다스리는 하느님의 왕국의 통치가 시작되는 것, 두 번째는 사탄이 하늘에서 땅으로 쫓겨나는 일입니다."(위의 책, p.80).

요한계시록 12장에 말씀하신 사탄이 하늘에서 쫓겨나는 일이 1914년 후에 있었다는 말이다. 그러나 성경은 예수님의 십자가의 승리로 사탄이 쫓겨난 것을 말씀하고 있다. "통치자들과 권세들을 무력화하여 드러내어 구경거리로 삼으시고 십자가로 그들을 이기셨느니라"(골 2:15). 십자가로 이기셨다고 기록하고 있다. 예수님이 사탄에게 승리하신 때는 십자가에서였다.

"큰 용이 내쫓기니 옛 뱀 곧 마귀라고도 하고 사탄이라고도 하며 온 천하를 꾀는 자라 그가 땅으로 내쫓기니 그의 사자들도 그와 함께 내쫓기니라 내가 또 들으니 하늘에 큰 음성이 있어 이르되 이제 우리 하나님의 구원과 능력과 나라와 또 그의 그리스도의 권세가 나타났으니 우리 형제들을 참소하던 자 곧 우리 하나님 앞에서 밤낮 참소하던 자가 쫓겨났고"(계 12:9-10). 예수님의 십자가의 승리로 사탄인 용은 하늘에서 쫓겨난 것이다. 주님께서도 말씀하시기를 "예수께서 이르시되 사탄이 하늘로부터 번개같이 떨어지는 것을 내가 보았노라"(눅 10:18)고 하셨다. 사탄이 하늘에서 떨어지는 것과 1914년은 아무 관계가 없는 일이다. 여호와의 증인 1914년 왕국설은 맞지 않다.

왕국에서 이룩하는 일들이 이루어지지 않았다.

여호와의 증인들은 1914년에 시작된 왕국에서는 이루어지는 일들이 있다고 한다. 그 일들은 1914년 이후에 이루어졌어야 한다. 여호와의 증인의 왕국이 시작된 지 100년이 넘었다. 그러나 왕국에서 이루어진다는 일들은 이루어지지 않고 있다. 여호와의 증인들이 말하는 왕국에서 이루어진다는 일은 다음과 같은 일이다.

"여호와의 이름을 거룩하게 하며 그분의 주권을 옹호한다.

사탄에게 허용된 세상의 통치권을 끝나게 한다.

모든 피조물을 한 분의 참 하느님의 숭배 안으로 연합시킨다.

인류를 하느님과 조화로운 관계 안으로 다시 들어오게 한다.

인류를 모든 전쟁의 위협에서 벗어나게 한다.

땅에서 부패한 통치자들과 압제를 제거할 것이다.

모든 인류에게 필요한 풍부한 식품을 마련한다.

모든 종류의 질병과 불구를 퇴치한다.

모든 사람에게 알맞은 집을 마련해 준다.

모두에게 만족스러운 직업을 보장해 준다.

안전, 즉 사람이나 재산이 위험에 처하는 일이 없을 것을 보장한다.

의와 공의가 편만하게 한다.

인류를 자연의 힘에 의한 어떠한 손상으로부터도 보호한다.

죽은 자들을 부활시킨다.

아담의 죄의 유전으로 인한 모든 죽음을 제거한다.

사람들이 진실하게 서로 사랑할 수 있는 세계를 마련한다.

동물과 사람이 서로 조화로운 관계를 누리게 한다.

땅을 낙원으로 만든다."

(워치타워 성서책자협회, 《성경을 사용하여 추리함》, pp.302-303).

　　1914년 왕국이 시작되었다면 사탄의 통치권이 끝나야 하고, 전쟁이 없어져야 하고, 질병과 불구가 없어져야 하고, 죽음이 없어져야 하고, 죽은 자가 부활해야 한다. 그러나 왕국이 시작되었다는 1914년부터 100년이 지난 지금까지 이러한 일들은 하나도 이루어지지 않고 있다. 이로 보아 여호와의 증인의 1914년 왕국설은 맞지 않다.

아마겟돈 전쟁에 대한 잘못된 해석

여호와의 증인들은 요한계시록 16:16의 아마겟돈 전쟁이 여호와의 증인의 왕국과 세상 나라들과의 전쟁이라고 한다. 아마겟돈 전쟁을 통하여 세상의 나라들과 정부를 없애 버린다는 것이다. 이러한 여호와의 증인들의 교리는 성경에 없는 주장이며 여호와의 증인들이 만들어 낸 교리이다. 성경 어느 곳에도 이러한 뜻으로 기록된 곳은 없다.

아마겟돈에 대한 언급은 딱 한 곳에 나온다. "세 영이 히브리어로 아마겟돈이라 하는 곳으로 왕들을 모으더라"(계 16:16). 이 구절에서 여호와의 증인의 왕국이 세상 나라들을 없애버린다는 뜻은 없다. 엉터리 해석이다. 예수님이 재림하시면 재림과 동시에 세상의 나라들은 멸망한다. 그래서 "예수께서 감람산 위에 앉으셨을 때에 제자들이 조용히 와서 이르되 우리에게 이르소서 어느 때에 이런 일이 있겠사오며 또 주의 임하심과 세상 끝에는 무슨 징조가 있사오리이까"(마 24:3). 이 말씀에 나온 것처럼 '주의 임하심(재림)'과 '세상의 끝'이 동시에 오는 것이다. 여호와의 증인의 교리처럼 1914년에 예수님이 재림하셨는데 100년이 지나도록 세상이 끝나지 않고 있다는 것은 성경에 없다. 여호와의 증인의 왕국이 세상의 나라들을 없애버리는 것이 아마겟돈 전쟁이라는 여호와의 증인의 주장은 성경에 맞지 않다.

비성경적인 병역 거부

여호와의 증인 신도들은 왕국론과 아마겟돈 전쟁에 대한 교리 때문에 병역을 거부하고 있다. 그런데도 '양심적 병역 거부'란 용어를 쓰는 것은 자신들의 교리를 감추고 평화를 내세우며 자신들의 병역 거부가 매우 정당한 것으로 사람들에게 인정받기 위해서다. 따라서 '양심적'이라는 단어가 들어간 용어는 병역 거부에 그대로 써서는 안 된다. 그 이유는 다음과 같다.

대한민국 시민들은 '양심적'이라는 단어를 '선한 일'과 동일시해서 받아들인다. 사람에 대해 "저 사람 참 양심적이야!"라고 하면 자연스레 '선한 사람'으로 볼 정도로, 양심적이란 말은 중립적인 단어가 아니다. 그런데도 여호와의 증인의 병역 거부를 '양심적'이라고 명명한다면 그것은 매우 선한 일인 것처럼 오해를 불러일으키게 된다. 또한 병역 거부가 양심적이라면 병역을 이행한 사람들은 비양심적인 것인가라는 궤변에 빠질 수도 있다.

여호와의 증인들이 병역을 거부할 때 주장하는 논리를 반증해 보자. '하나님은 전쟁을 싫어하신다.' 하나님께서 전쟁을 싫어하시기 때문에 하나님의 백성이 전쟁하지 않고 있으면 하나님께서 지켜 주신다는 것이다. 이 논리는 성경과 맞지 않는다. 이스라엘 백성들을 가나안으로 인도하실 때 이스라엘은 많은 민족들과 전쟁을 했다. 이스라엘 백성들이 전쟁을 하지 않고 있을 때 하나님께서 지켜주시고 하나님께서 직접 물리치신 것이 아니다. 이스라엘 백성들이 나가서 싸울 때 하나님께서 함께하셔서 승리하게 하신 것이다.

"또 여호와의 구원하심이 칼과 창에 있지 아니함을 이 무리로 알게 하리라 전쟁은 여호와께 속한 것인즉 그가 너희를 우리 손에 붙이시리라"(삼상 17:47). 전쟁에서 하나님께서 함께 하시겠다는 말씀이다. 두 번째는 '군대를 만드는 것은 하나님의 뜻이 아니다'라는 것인데, 이 논리도 성경에 맞지 않다. 여호와의 증인들은 군대가 있는 것 자체가 하나님의 뜻이 아니라는 것이다. 하나님께서 직접 지켜주시기 때문에 하나님의 백성에게는 군대가 필요 없다는 것이다.

그러나 구약의 하나님의 백성인 이스라엘 백성들도 군대가 있었다. 하나님께서 지켜주시는데 왜 이스라엘 백성에게 군대가 필요했을까? 하나님의 뜻이 아닌데 왜 이스라엘 백성들은 군대를 만들게 하셨을까? 하나님의 택하신 믿음의 조상 아브라함에게도 가군이 있었다. 성경은 "아브람이 그의 조카가 사로잡혔음을 듣고 집에서 길리고 훈련된 자 삼백십팔 명을 거느리고 단까지 쫓아가서"(창 14:14)라고 하여 아브라함에게 가군이 있었음을 보여준다. 하나님을 믿는 아브람에게 왜 하나님의 뜻이 아닌 가군이 318명이나 있었을까? 군대가 하나님의 뜻이 아니라고 하는 여호와의 증인의 주장은 맞지 않다.

제5장
삼위일체론

1. 여호와의 증인의 주장

1) 하나님은 유일신이다

삼위일체라는 말이 성경에 없다.

여호와의 증인들은 '삼위일체'라는 용어나 교리가 성경에 없다고 주장한다. 기독교 역사 후대에 삼위일체 교리를 만든 것이기 때문에 인정할 수 없다는 것이다. 여호와의 증인들의 주장을 확인해 보자.

「신 브리태니커 백과사전」은 다음과 같이 말한다. '삼위일체라는 말도 그에 해당하는 명백한 교리도 신약에서 찾아볼 수 없으며, 예수와 그의 추종자들도 구약에 나오는 쉬마 즉 이스라엘아 들으라. 주 우리 하나님은 오직 하나인 주이시니(라)(신 6:4)는 말과 모순되는 말을 하려고도 하지 않았다. … 그 교리는 여러 세기에 걸쳐 많은 논쟁을 거치면서 점차 발전된 것이다. … 4세기 말에 이르러 … 삼위일체 교리가 구체적으로 정립되었으며 그 후 그대로 유지되었다(1976년 판).'「마이크로패디아」 제10권, 126면."(위의 책. pp.158-159).

성경에 삼위일체라는 말이 없을 뿐 아니라, 성경에 없는 역사에서 만들어진 교리를 인정할 수 없다는 것이 여호와의 증인들의 주장이다.

하나님은 유일신이시다.

여호와의 증인들은 성경에 하나님이 유일신이라는 점을 강조하여 삼위일체를 부인한다. 그들은 다음에 인용하는 성구들을 이용하여 하나님의 유일성을 증명하려고 한다. "그러나 우리에게는 한 하나님 곧 아버지가 계시니 만물이 그에게서 났고 우리도 그를 위하며 또한 한 주 예수 그리스도께서 계시니 만물이 그로 말미암고 우리도 그로 말미암았느니라"(고전 8:6), "이스라엘아 들으라 우리 하나님 여호와는 오직 하나인 여호와시니"(신 6:4), "여호와라 이름하신 주만 온 세계의 지존자로 알게 하소서"(시 83:18) 등이다.

이 성구들에 나오는 '한 하나님', '하나인 여호와'라는 표현에서 하나님이 한 분이라고 주장한다. 그 한 분이신 하나님은 '여호와' 하나님으로서 성부 하나님을 말한다는 것이다. 또한 성부 하나님을 여호와 하나님이라고 하며 예수님이나 성령님은 여호와 하나님이 아니라고 한다. 자신들은 여호와 하나님을 증거하고 예배하는 자들이기 때문에 '여호와의 증인'이라고 한다는 것이다.

2) 예수님은 여호와 하나님이 아니다.

예수님은 피조물이다.

여호와의 증인들은 예수님의 신성을 부인한다. 예수님은 하나님이 아니고 하나님께 창조된 피조물로 여긴다. 예수님은 시작이 있고 창조된 피조물이기 때문에 여호와 하나님이 될 수 없으며 삼위일체가 될 수 없다는 것이다. 이러한 여호와의 증인의 주장을 확인해 보자.

> "골로새 1:15, 16, 「개역」; '그(예수 그리스도)는 보이지 아니하시는 하나님의 형상이요 모든 창조물보다 먼저 나신 자니 만물이 그에게 창조되되 하늘과 땅에 (있는 것들이라).' 예수께서는 어떤 의미에서 '모든 창조물보다'('가운데' 「신세」) 먼저 나신 자'인가? (1) 삼위일체론자 들은 '먼저 나신'이란 말은 '으뜸가는, 가장 뛰어난, 가장 탁월한'이란 뜻이며, 따라서 그리스도는 창조물의 일부가 아니라 창조물과 관련하여 가장 탁월한 분으로 이해되어야 한다고 말한다. 만일 사실이 그렇다면, 그리고 삼위일체 교리가 사실이라면 아버지와 성령 역시 모든 창조물 중 먼저 나신 자라고 말하지 않는 이유는 무엇인가? 그러나 성서는 아들에게만 이 표현을 사용한다. '먼저 나신'이란 말의 통상적인 의미로 보면, 예수께서 여호와의 아들들로 이루어진 가족 중에서 장자라는 것을 시사한다."(위의 책, p.161).

이들은 골 1:15-16에 '모든 창조물보다 먼저 나신 자'라고 했으니 예수님을 가장 먼저 창조되신 분이라고 주장한다. 또 예수님을 창조물 중에 가장 먼저 창조했다는 것을 증거하는 성구는 요한계시록 3:14이다.

"계 1:1; 3:14, 「개역」; '예수 그리스도의 계시라 이는 하나님이 그에게 주(신 것이라) … 라오디게아 교회의 사자에게 편지하기를 아멘이시요 충성되고 참된 증인이시요 하나님의 창조의 근본(그리스어. 아르케: '시작', 「공동」)이신 이가 가라사대.' 그러한 번역은 정확한가? 일부 사람들은 아들은 '하느님의 창조를 시작하신 분'이었으며 창조의 '근원'이었음을 의미한다는 견해를 취한다. 그러나 라델과 스콧 공편 「희영 사전」(Greek-English Lexicon)은 '시작'을 아르케의 첫 번째 의미로 열거한다(옥스퍼드, 1968년판. 252면). 논리적인 결론은 계시록 3:14에 언급된 분은 하느님의 첫 번째 창조물인 하나의 창조물이며, 그에게는 시작이 있었다는 것이다."(위의 책. p.162).

요한계시록 3:14에 '창조의 근본'이라는 말은 '창조의 시작'이라는 뜻이므로 예수님은 첫 번째 창조물이라는 주장이다. 여호와의 증인들은 예수님을 창조했다는 기록을 잠언 8:22-23을 근거로 제시한다. "여호와께서 그 조화의 시작 곧 태초에 일하시기 전에 나를 가지셨으며 만세 전부터, 상고부터, 땅이 생기기 전부터 내가 세움을 입었나니." 이 본문에 나오는 대로 창조를 시작할 때 예수님을 가장 먼저 창조했다는 것이다.

예수님은 하나님과 동등하시지 않다.

예수님이 삼위일체 하나님이시라면 성부 하나님과 동등하시다는 것인데, 성경에 예수님과 하나님이 동등하지 않다는 많은 말씀들이 삼위일체를 부인하게 된다는 것이다. 여호와의 증인들의, 예수님이 하나님과 동등하지 않다는 주장들을 확인해 보자.

"막 13:32, 「개역」; '그 날과 그 때는 아무도 모르나니 하늘에 있는 천사들도, 아들도 모르고 아버지만 아시느니라'(물론, 아버지와 아들과 성령이 동등하며 하나의 하느님을 구성한다면 그렇게 될 수 없을 것이다. 만일 일부 사람들이 넌지시 말하는 것처럼 아들이 인간의 본성으로 인해 아는 면에서 제한을 받았다면 여전히 이런 질문이 생긴다. 성령이 알지 못한 이유는 무엇인가?)."(위의 책, pp.162-163).

하나님만 아시고 아들이 모르는 것이 있다는 것은 예수님이 하나님과 동등하지 못하다는 것을 말해준다는 것이 그들의 주장이다. 성부 하나님과 예수님이 동등하시다면 하나님께서 아시는 것을 예수님도 다 알아야 한다는 것이다. 이렇게 성경에 나타난 많은 부분들이 하나님과 예수님이 동등하지 못함을 알려준다고 주장한다.

"마태복음 20:20-23, 「개역」; '세베대의 아들의 어미가 … 예수께 … 가로되 이 나의 두 아들을 주의 나라에서 하나는 주의 우편에, 하나는 주의 좌편에 앉게 명하소서 예수께서 … 가라사대 너희가 과연 내 잔을 마시려니와 내 좌우편에 앉는 것은 나의 줄 것이 아니라 내 아버지께서 누구를 위하여 예비하셨든지 그들이 얻을 것이니라'(만일, 주장대로, 예수께서 하느님이시라면 얼마나 이상한가! 여기의 예수는 단지 '인간의 본성'에 따라 대답하셨는가? 삼위일체론자들의 말처럼, 만일 예수께서 과연 이편도 저편도 아닌 하느님이면서 동시에 인간 즉 신인이었다고 한다면, 그러한 설명이 과연 일관성 있는 것이라고 할 수 있겠는가? 마 20:23은 오히려 아들이 아버지와 동등하지 않으며, 아버지께서 혼자서 얼마의 특권들을 보유하셨음을 알려주지 않는가?)."(위의 책, p.163).

이렇듯 여호와의 증인들은 많은 성구들을 인용해서 예수님은 하나님과 동등하시지 않다고 증거한다. 여호와의 증인들은 예수님이 하나님과 동등하시지 않음을 나타내는 많은 구절들을 인용한다. 여호와의 증인이 인용하는 구절들은 다음과 같다.

1. 예수님도 성부를 자신의 하나님이라고 하셨다(요 20:17, 벧전 1:3, 막 15:34, 계 1:1, 3:12).
2. 예수님은 보내신 자라고 했다(요 8:42, 13:16, 17:3).
3. 예수님은 하나님의 아들이라고 했다(요 1:34, 마 16:16-17, 눅 1:35, 요 3:16-17, 20:29-30).
4. 예수님의 머리는 하나님이시다(고전 11:3, 마 20:23, 빌 2:5-7).
5. 아버지는 나보다 크시다(요 14:38).
6. 아버지의 하시는 일을 보지 않고는(요 5:19).
7. 아버지의 원대로 하옵소서(눅 22:41-42).

예수님은 전능하시지 않다.

여호와의 증인들은 예수님을 '대능자'라고 주장한다. 예수님은 전능한 하나님이 아니시라는 것이다. 이사야 9장 6절에 예수님에게 사용된 '전능하신 하나님'이라는 단어가 히브리어로 [깁볼]이 쓰였기 때문이라는 것이다. '전능'은 히브리어로 [사다이]인데 예수님께는 '전능'[사다이]이 쓰이지 않고 '능한'[깁볼]이 쓰였기 때문에 예수님은 전능하신 하나님이실 수 없다는 것이다. 여호와의 증인들은 주장하기를 "예수께서는 성서에서 '신'으로 심지어 '위력 있는 하느님'으로까지 불린다(요 1:1; 사 9:6). 그러나 어느 곳에서도 그분이 여호와처럼 전능하다고는 언급되어 있지 않다."(위의 책, p.414)라고 했다.

예수님은 예배(숭배)의 대상이 될 수 없다.

여호와의 중인들이 삼위일체를 부인하고 예수님을 여호와 하나님이 아니라고 주장하는 이유는 예수님은 예배의 대상이 될 수 없다는 것을 말하기 위해서이다. 여호와 하나님만이 예배의 대상이지 피조물인 예수님은 예배의 대상이 될 수 없다는 것이다. 여호와의 중인의 이러한 주장을 확인해 보자.

> "성경 가운데 예수를 '한 신(a god)'. 심지어 '능하신 하나님(Mighty God)'이라고 호칭한 일이 있음에도 불구하고 그분은 자기 아버지를 '내 아버지 곧 너희 아버지'라고 호칭함으로 그분을 돋보이게 하셨습니다(요 1:1, 「신세」 20:17; 사 9:6, 「신세」). '모세'는 일찍이 '여호와는 (참)하나님이시요 그외에는 다른 신이 없다'고 말하였으며, 예수께서는 이 말에 동의하셨습니다(「신영」 4:35). 여호와께서는 숭배의 대상이 되고 있는 우상들과 신격화된 인간들 그리고 '사단' 마귀와는 완전히 대조되는 위치에 계십니다. 그 모든 것들과는 대조적으로 여호와는 예수께서 말씀하신 바와 같이 '유일하신 참 하나님'이십니다(요 17:3)."(위의 책, p.18).

여호와의 중인들은 피조물인 예수님을 숭배하지 않고 여호와 하나님만을 숭배하는 자신들이 하나님의 참 백성이라고 주장하고 있다. 삼위일체 교리는 잘못된 예배 즉 우상 숭배를 하게 하는 교리라고 생각한다. 그래서 여호와의 증인들은 삼위일체 교리를 반대하고 여호와 하나님을 증거한다는 것이다.

> "참 하나님에 대한 숭배와는 반대로 사람들은 문자적으로 수백만의 많은 신들을 숭배합니다. 제4세기에 와서 그리스도교국은 그전에 이미 '바벨론'인들과 '이집트'인들, '힌두'교도들과 불교도들이 가르쳐 온 '삼위일체' 신앙을 받아들였습니다. 하나님에 대한 이러한 개념에 더하여 신들로 우상화된 강력한 통치자들과 탁월한 운동선수들 및 가수들이 있습니다. 돈과 자아 및 성 또한 열렬히 신봉되는 신들이 되었습니다. 이 모든 것 배후에 있는 자는 누구입니까? '이 사물의 제도의 신'인 '사단' 마귀입니다."(워치타워 성서책자협회, 《연합된 숭배》, p.15).

3) 성령은 하나님이 아니다.

성령은 인격이 아니다.

여호와의 증인들은 성령을 비인격이라고 하며 하나님께로부터 나오는 활동력이라고 주장한다. 여호와의 증인의 이러한 주장을 살펴보자.

> "성령을 정확하게 식별하려면 그 영을 언급한 모든 성구들과 조화되어야 한다. 이러한 관점에서, 성령은 하느님의 활동력이라는 결론을 내리는 것이 논리적이다. 그것은 인격체가 아니라 하느님께서 그분의 거룩한 뜻을 성취하기 위하여 그분 자신에게서 나오는 강력한 힘이다(시 104:30; 벧후 1:21; 행 4:31)."(워치타워 성서책자협회, 《성경을 사용하여 추리함》, p.269).

성령이 하나님이 아니고 활동력이라는 주장은 성경에 등장하는, 성령에 대한 비인격적인 표현들에 기인한다. 여호와의 증인은 인격에 사용될 수 없는 성경의 표현이 성령을 언급하는 데 사용되었다는 것을 근거로 들어 성령을 인격이라고 볼 수 없다고 주장한다.

> "성령을 언급하는 성구들을 비교해 보면 성령이 사람들 안에 '충만'해지는 것으로 말한다는 것과 그것으로 '침례를 받'을 수 있다는 것과 그것으로 '기름 부음 받'을 수 있다는 것을 알 수 있다(눅 1:41; 행 10:38). 성령이 인격체라면, 그러한 표현들 중 어느 것도 적절하지 않을 것이다."(위의 책, p.269).

성령의 '충만', '기름부음' 등의 표현들이 비인격적인 표현들이라는 것이다. 그래서 성령은 비인격이며 하나님이 될 수 없고 단지 활동력에 불과하기 때문에, 삼위일체라는 말은 맞지 않다는 것이 여호와의 증인들의 주장이다.

성령은 삼위일체의 한 '위'가 아니다.

여호와의 증인들은 성령이 하나님으로서 한 '위'가 될 수 없다고 주장한다. 성령은 비인격이므로 활동력인데 어떻게 하나님이 될 수 있느냐는 것이다. 이에 대한 여호와의 증인들의 주장을 살펴보자.

> "성경에서는 아버지의 고유한 이름이 여호와라고 알려준다. 아들은 예수 그리스도라고 알려준다. 그러나 성경 어디에도 성령에게 어떤 고유한 이

름을 사용하고 있지 않다. 사도행전 7:55, 56에서는 스데반이 '예수께서 하느님의 오른편에 서 계신' 하늘의 환상을 보았다고 알려준다. 그러나 그는 성령을 보았다고 말하지 않았다."(위의 책, p.160).

성경에 성령의 고유한 이름이 나오지 않았다는 점, 스데반이 환상 중에 하나님과 예수님은 보았지만 성령은 보지 못했다는 점 등을 근거로 성령은 삼위 하나님 중에 한 분으로 볼 수 없다고 주장한다.

2. 삼위일체론 반증

1) 유일신론 반증

하나님의 유일성

하나님은 유일하신 하나님이시다. 하나님의 유일성에 대하여는 정통 교회에서도 부정하지 않는다. 삼위일체 하나님으로서 한 분이라는 것은 정통 교회의 사상이다. 삼위일체는 하나님의 단일성을 부정하지 않는다. 성부 하나님과 성자 하나님, 성령 하나님은 한 하나님이라는 뜻이다. 하나님의 하나 되심, 하나의 본질이라는 뜻으로 성경 전체가 하나님을 한 분으로 계시한다. 삼위일체 하나님으로서 한 하나님이시라는 것이 정통 개신교에서 믿고 있는 신론이다. "이스라엘아 들으라 우리 하나님 여호와는 오직 유일한 여호와이시니 너는 마음을 다하고 뜻을 다하고 힘을 다하여 네 하나님 여호와를 사랑하라"(신 6:4-5).

삼위일체의 명칭에 대하여

삼위일체라는 단어는 성경 안에서 발견되지 않지만, 그 단어가 나타내 주는 개념은 성경의 여러 부분들 속에서 가르쳐지고 있다. 삼위일체(Trinity) 라는 용어는 초기 교회 교부인 터툴리안(Tertullian, AD 150년)이 처음 사용했 다. 성경에 삼위일체라는 말이 없어도 성경이 계시하는 내용들이 삼위일 체 하나님을 증거하고 있다.

성경에 '여호와의 증인'이라는 말은 없다. 그러나 여호와의 증인들은 성 경이 계시하는 내용들을 통하여 스스로를 '여호와의 증인'이라고 칭하고, 그 용어를 사용하고 있다고 주장한다. 삼위일체라는 용어가 없다고 해 서 삼위일체가 성경에 없다는 주장은 맞지 않는 말이다. 삼위일체 하나님 의 개념은 성경에 많이 나와 있다.

2) 예수님은 여호와 하나님이 아니라는 주장에 대한 반증

예수님은 피조물이라는 주장에 대한 반증

여호와의 증인들은 예수님은 하나님께서 창조하신 피조물이라고 주장 한다. 예수님이 피조물이기 때문에 예수님은 여호와 하나님이 될 수 없고 삼위일체는 맞지 않는다는 것이다. 그러나 성경은 예수님이 피조물이 아 니고 여호와 하나님이 되심을 증거하고 있다. 성경에 나타난 예수님께서 피조물이 아니라는 증거들을 확인해 본다.

① 하나님의 호칭은 피조물이 아님을 증거한다.

성경에는 예수님을 하나님으로 호칭하고 있다. 피조물에게 하나님이라는 호칭이 있을 수 없다. "태초에 말씀이 계시니라 이 말씀이 하나님과 함께 계셨으니 이 말씀은 곧 하나님이시니라"(요 1:1). 예수님은 태초부터 계신 말씀이며, 하나님과 함께 계셨다. 그리고 예수님은 곧 하나님이다. 이것은 성경의 증거이다.

의심 많은 도마가 부활하신 예수님을 만났을 때 "도마가 대답하여 이르되 나의 주님이시요 나의 하나님이시니이다"(요 20:28)라고 했다. 도마가 예수님에게 '나의 하나님'이라고 고백했을 때 예수님이 하나님이 아니셨다면 그 고백을 받지 않으셨을 것이고 잘못된 것이라고 하셨을 것이다. 그러나 예수님은 도마에게 '하나님'이라고 부르는 호칭을 받으셨다.

바울과 바나바가 루스드라에서 발을 쓰지 못하는 자를 성령의 능력으로 고치자 그 지역의 사람들이 바울과 바나바를 신이라고 부르며 제사하려고 했을 때 바울과 바나바는 옷을 찢으면서 아니라고 소리를 질렀다고 했다(행 14:8-15). 그러나 예수님은 도마가 '하나님'이라고 고백했을 때 그 고백을 받아주셨다. 예수님께서 하나님이시기 때문이다.

디도는 예수님을 크신 하나님이라고 고백했다. "복스러운 소망과 우리의 크신 하나님 구주 예수 그리스도의 영광이 나타나심을 기다리게 하셨으니"(딛 2:13). 사도 바울은 예수님을 향하여 고백하기를 "조상들도 그들의 것이요 육신으로 하면 그리스도가 그들에게서 나셨으니 그는 만물 위에 계셔서 세세에 찬양을 받으실 하나님이시니라 아멘"(롬 9:5)이라고 했다. 예수님은 세세에 찬양 받으실 하나님이신 것이다. 사도 요한은 예수님에 대하여 증거하기를 "또 아는 것은 하나님의 아들이 이르러 우리에게 지각을 주사 우리로 참된 자를 알게 하신 것과 또한 우리가 참된 자 곧 그의 아들 예수 그리스도 안에 있는 것이니 그는 참 하나님이시요 영생이시라"(요일 5:20)고 했다.

예수님은 참 하나님이 되신다. 성경에 예수님을 하나님으로 호칭하고 있는데, 예수님이 피조물이라면 하나님이 피조물이 된다는 말이 된다. 예수님은 피조물일 수가 없다. 그는 '크신 하나님'이시며, '참 하나님'이시고 '찬양 받으실 하나님'이시다. 예수님을 피조물이라고 하는 여호와의 증인의 주장은 맞지 않다.

② '여호와' 하나님의 호칭이 피조 됨을 부인한다.

여호와의 증인들은 성부 하나님만이 여호와 하나님이시고 예수님은 여호와 하나님이 되실 수 없다고 한다. 예수님은 피조물이기 때문이라는 주장이다. 그러나 성경은 예수님을 여호와 하나님으로 증거하고 있다. 성경이 예수님을 여호와 하나님으로 증거하고 있다면 여호와의 증인의 교리가 잘못되었음이 확인된다. 예수님께서 여호와 하나님이 되심을 성경으로 확인해 보자.

"그러므로 믿는 너희에게는 보배이나 믿지 아니하는 자에게는 건축자들이 버린 그 돌이 모퉁이의 머릿돌이 되고 또한 부딪치는 돌과 걸려 넘어지게 하는 바위가 되었다 하였느니라 그들이 말씀에 순종하지 아니하므로 넘어지나니 이는 그들을 이렇게 정하신 것이라"(벧전 2:7-8). 사도 베드로는 예수님을 소개하기를 '부딪치는 돌과 걸려 넘어지는 바위'라고 했다. 예수님에 대한 이 소개는 베드로의 말이 아니라 구약의 이사야서의 말씀을 인용한 것이다. 이사야가 소개한 '부딪치는 돌과 걸리는 반석'이 바로 예수 그리스도라는 것이다. 그러면 이사야서의 본문을 확인해 보자.

"만군의 여호와 그를 너희가 거룩하다 하고 그를 너희가 두려워하며 무서워할 자로 삼으라 그가 성소가 되시리라 그러나 이스라엘의 두 집에는 걸림돌과 걸려 넘어지는 반석이 되실 것이며 예루살렘 주민에게는 함정과 올무가 되시리니"(사 8:13-14). 이사야는 이렇게 예수님을 '만군의 여호와'라고 했다. 예수님은 이사야의 말씀대로 만군의 여호와시며 이스라엘 백성들에게 부딪치는 돌, 걸리는 반석이 되신 것이다.

마태는 세례 요한을 소개할 때 예수님의 길을 준비하는 사람이라고 했다. "그는 선지자 이사야를 통하여 말씀하신 자라 일렀으되 광야에 외치는 자의 소리가 있어 이르되 너희는 주의 길을 준비하라 그가 오실 길을 곧게 하라 하였느니라"(마 3:3). 이 예언대로 세례 요한이 예수님보다 먼저 와서 '주(예수님)의 길을' 준비했다. 주의 길을 준비하는 세례 요한에 대한 예언은 구약 이사야서의 말씀이라고 한다. 구약에 나와 있는 세례 요한의 예언을 확인해 보자.

"외치는 자의 소리여 이르되 너희는 광야에서 여호와의 길을 예비하라 사막에서 우리 하나님의 대로를 평탄하게 하라"(사 40:3). 이 본문에는 예수님을 '여호와'라고 했다. 예수님께서 '여호와'이시기 때문에 세례 요한은 이사야의 예언대로 예수님이신 여호와의 길을 예비한 것이다. 사도 바울은 요엘서의 말씀을 인용하여 "누구든지 주의 이름을 부르는 자는 구원을 받으리라"(롬 10:13)고 했다. 이 본문에 '주의 이름'은 바로 예수님의 이름을 말하고 있다. 이 말씀은 예수님의 이름을 부르면 구원을 받게 된다는 것인데 이는 요엘에 예언된 말씀이다. 요엘의 예언을 확인해 보자.

"누구든지 여호와의 이름을 부르는 자는 구원을 얻으리니 이는 나 여호와의 말대로 시온 산과 예루살렘에서 피할 자가 있을 것임이요 남은 자 중에 나 여호와의 부름을 받을 자가 있을 것임이니라"(욜 2:32). 신약시대에 예수님의 이름으로 구원받을 것을 예언한 것이다. 이 본문에서는 예수님을 '여호와'라고 했다. 성경에는 예수님을 여호와로 불렀고 예수님은 여호와 하나님이시다. 예수님이 피조물이라고 하면 여호와 하나님이 피조물이 된다는 말이다. 여호와의 증인의 예수님이 피조물이라는 주장은 맞지 않다.

먼저 나신 자에 대한 반증

"그는 보이지 아니하시는 하나님의 형상이요 모든 창조물보다 먼저 나신 자니"(골 1:15). 여호와의 증인들은 본문에 '먼저 나신 자'에 대하여 '창조되신 자'라고 해석한다. 그래서 이 구절이 예수님의 창조되심을 나타낸다고 한다. 이는 여호와의 증인의 왜곡된 해석이다. 하나님이 '낳으셨다'라는 말은 예수님이 하나님이시라는 것을 뜻한다. '개'가 낳은 것은 '개'이며, 사람은 사람을 낳는다. 하나님이 낳으셨다고 표현한 것은 예수님이 하나님과 똑같은 분이시라는 의미이다. 하나님께서 창조하셨다고 하지 않고 '낳으신 자'라고 되어 있다. 이는 '낳은 분'과 같이 된다는 뜻이며, '낳은 분'과 '같은 분'이라는 뜻인 것이다. 사람이 개를 낳을 수 없고, 개가 사람을 낳을 수 없다. 성경은 예수님과 그 낳으신 하나님이 같은 분이라는 뜻으로 '먼저 나신 자'라고 표현한 것이다.

창조의 근본에 대한 반증

"라오디게아 교회의 사자에게 편지하기를 아멘이시요 충성되고 참된 증인이시요 하나님의 창조의 근본이신 이가 가라사대"(계 3:14). 여호와의 증인들은 본문에 '창조의 근본'이라는 단어를 '처음 창조된'이라는 뜻으로 해석하여 예수님이 가장 먼저 창조된 분이라고 한다. 여호와의 증인의 이러한 해석은 잘못된 것이다. 예수님을 '창조의 근본'이라고 한 것은 예수님께서 모든 창조물의 근본이 되신다는 것으로, 예수님께서 창조주이심을 나타내는 말이다. 예수님은 창조주이셨다. 모든 창조물은 예수님에 의하여 창조된 것이다. 그래서 예수님은 '창조의 근본'이시다.

조화의 시작에 대한 반증

"여호와께서 그 조화의 시작 곧 태초에 일하시기 전에 나를 가지셨으며 만세 전부터, 상고부터, 땅이 생기기 전부터 내가 세움을 입었나니"(잠 8:22-23).

여호와의 증인들은 이 본문이 예수님의 창조에 대하여 말씀하신 것이라고 한다. 창조를 시작할 때 가장 먼저 창조된 피조물이라고 주장할 때 사용하는 성구이다. 이 본문에 일인칭 '나'가 바로 예수님을 말하고 있다는 여호와의 증인의 주장은 맞지 않다. 본문의 문장을 시작하는 12절에는 "나 지혜는 명철로 주소를 삼으며 지식과 근신을 찾아 얻나니"라고 되어 있다. 본문의 지혜는 예수님을 말하는 것이 아니라 의인화된 '지혜'를 말하는 것이다. 하나님께서 창조를 시작하실 때 '지혜'를 가지셨다는 말씀이다. 따라서 예수님이 창조의 시작이라는 여호와의 증인의 주장은 맞지 않다.

동등하지 않다는 주장에 대한 반증

여호와의 증인들은 예수님은 하나님과 동등 되시지 않다고 주장한다. 아버지는 나보다 크시다, 보냄을 받은 자, 그리스도의 머리, 아버지의 뜻대로 등 예수님이 동등하지 못하다는 표현들의 성구들을 인용하여 주장하고 있다.

성경에 예수님께서 성부 하나님보다 낮은 모습을 표현한 부분이 있는 것은 사실이다. 예수님께서 인간의 몸을 입고 이 땅에 오신 것은 구속을 이루시기 위해 낮아지셨기 때문이다. "그는 근본 하나님의 본체시나 하나님과 동등 됨을 취할 것으로 여기지 아니하시고 오히려 자기를 비워 종의 형체를 가지사 사람들과 같이 되셨고 사람의 모양으로 나타나사 자기를 낮추시고 죽기까지 복종하셨으니 곧 십자가에 죽으심이라"(빌 2:6-8). 예수님은 하나님과 동등한 분이셨으나 동등 됨을 '취할 것으로 여기지 아니하시고(난외 주: 보류)'라고 했다.

즉 예수님은 인류의 구속을 이루시기 위하여 하나님과 동등 됨을 '보류' 하시고 '자기를 낮추시고' 이 땅에 오신 것이다. 예수님이 육신의 몸을 입고 이 땅에 계신 동안은 하나님이 자기를 낮추셔서 사람이 되신 상태인 것이다. 예수님께서 낮아지신 상태를 표현한 내용들은 하나님과 동등 되지 못한 것 같이 느낄 수 있는 것이다. 예수님께서 육신의 몸으로 낮아지신 상태에서 표현된 내용을 이용해서 동등 되지 못하다고 하는 것은 맞지 않다.

전능하지 않다는 주장에 대한 반증

여호와의 증인들은 예수님은 전능하지 못하기 때문에 여호와 하나님이 될 수 없다고 한다. 그 증거는 이사야 9장 6절의 예수님께 대한 '전능하신 하나님'이라는 히브리어 원어가 [깁볼]로 쓰였기 때문이라고 한다. '전능한'이란 [사다이]가 아니며 이 본문에 쓰인 [깁볼]은 '능한'이라는 뜻이므로 예수님은 '전능자'가 아니고 '대능자'라고 주장하는 것이다.

　여호와의 증인의 이러한 주장은 맞지 않다. [깁볼]이 쓰였기 때문에 대능자라고 한다면, 다음 구절에서 여호와 하나님께 이 단어 [깁볼]이 쓰인 것은 어떻게 해석할 것인가? "주는 은혜를 천만인에게 베푸시며 아비의 죄악을 그 후 자손의 품에 갚으시오니 크고 능하신[깁볼] 하나님이시요 이름은 만군의 여호와시니이다"(렘 32:18). 여호와의 증인의 논리로 말한다면 여호와 하나님을 '대능자'라고 하는 말이 된다. 이외에도 "너희의 하나님 여호와는 신의 신이시며 주의 주시요 크고 능하시며[깁볼] 두려우신 하나님이시라 사람을 외모로 보지 아니하시며 뇌물을 받지 아니하시고"(신 10:17), 또 "너의 하나님 여호와가 너의 가운데 계시니 그는 구원을 베푸실 전능자[깁볼]시라 그가 너로 인하여 기쁨을 이기지 못하여 하시며 너를 잠잠히 사랑하시며 너로 인하여 즐거이 부르며 기뻐하시리라 하리라"(습 3:17). 이 성경 구절도 여호와 하나님에 대하여 전능자[깁볼]가 쓰였다. 이로 보아 히브리어 [깁볼]이 쓰였기 때문에 예수님을 '대능자'라고 하는 여호와의 증인의 주장은 맞지 않다.

　신약에서 예수님에게 쓰인 '전능한 자[판토클라톨]'라는 단어는 예수님이 전능하신 하나님이라는 것을 증명한다. "주 하나님이 가라사대 나는 알파와 오메가라 이제도 있고 전에도 있었고 장차 올 자요 전능한 자라 하시더라"(계 1:8). 물론 여호와의 증인들은 이 본문의 '주 하나님'을 성부 하나님이라고 한다. 그러나 이 본문의 하나님은 예수님을 말하고 있는 것이 분명하다. 본문에 '장차 올 자'라는 표현은 예수님의 재림을 말씀하고 있다. 재림하실 분은 예수님이시기 때문이다. 사도 요한이 예수님을 '전능하신 하나님'이라고 표현한 것은 예수님이 여호와 하나님이 분명하다는 증거이다.

예수님이 예배(숭배)의 대상이 될 수 없다는 주장에 대한 반증

여호와의 증인들이 예수님은 피조물이며, 여호와 하나님이 아니라고 주장하는 이유는 예수님을 예배의 대상으로 할 수 없다고 말하기 위해서이다. 예배는 천사도 받을 수 없다. "내가 그 발 앞에 엎드려 경배하려 하니 그가 나더러 말하기를 나는 너와 및 예수의 증거를 받은 네 형제들과 같이 된 종이니 삼가 그리하지 말고 오직 하나님께 경배하라 예수의 증거는 대언의 영이라 하더라"(계 19:10). 피조물은 예배를 받을 수 없다. 여호와 하나님만이 예배를 받으실 수 있다. 그래서 자신들은 여호와 하나님께만 예배하는 자들이라고 하여 '여호와의 증인'이라고 하는 것이다. 여호와의 증인의 주장대로 예수님이 피조물이며 여호와 하나님이 아니라면 예수님은 절대로 경배(예배)를 받으실 수 없을 것이다.

그러나 성경은 예수님이 예배(경배)받으실 분임을 증거하고 있다. "큰 음성으로 가로되 죽임을 당하신 어린 양이 능력과 부와 지혜와 힘과 존귀와 영광과 찬송을 받으시기에 합당 하도다 하더라 내가 또 들으니 하늘 위에와 땅 위에와 땅 아래와 바다 위에와 또 그 가운데 모든 만물이 가로되 보좌에 앉으신 이와 어린 양에게 찬송과 존귀와 영광과 능력을 세세토록 돌릴지어다 하니 네 생물이 가로되 아멘 하고 장로들은 엎드려 경배하더라"(계 5:12-14). 성부 하나님과 어린 양이신 예수님이 '영광과 찬송 받으시기에 합당하다'고 했다. 성부 하나님과 어린 양이신 예수님께서 함께 경배(예배)를 받으시는 내용이다.

예수님은 홀로 경배 받으셨다. "집에 들어가 아기와 그 모친 마리아의 함께 있는 것을 보고 엎드려 아기께 경배하고 보배 합을 열어 황금과 유향과 몰약을 예물로 드리니라"(마 2:11). 예수님은 아기 때부터 경배를 받으셨다. "예수를 뵈옵고 경배하나 오히려 의심하는 자도 있더라"(마 28:17). 사람들이 경배할 때 거부하시지 않고 받으셨다. 경배 받으실 하나님이시기 때문이다. "또 맏아들을 이끌어 세상에 다시 들어오게 하실 때에 하나님의 모든 천사가 저에게 경배할지어다. 말씀하시며"(히 1:6). 천사도 예수님께 경배한다. 예수님은 피조물이 아니고 여호와 하나님이시기 때문에 경배하는 것이다.

3) 성령이 비인격(활동력)이라는 주장에 대한 반증

성령은 인격이 있는 분이시다.

여호와의 증인들은 성령은 비인격이며 하나님의 '활동력', '힘'이기 때문에 하나님이라고 할 수 없으며 삼위일체라는 말도 맞지 않다고 한다. 여호와의 증인의 이러한 주장에 대하여 성경으로 반증해 본다. 성경은 성령이 인격임을 증명하고 있다. 성령이 인격을 가지신 분이라는 것을 성경의 증거로 확인해 보자. 인격이란 지, 정, 의를 말한다. 성령님은 인격의 요소인 지, 정, 의를 가지신 분이라고 성경은 증거한다.

① 성령은 지식을 가진 분이시다.

"오직 하나님이 성령으로 이것을 우리에게 보이셨으니 성령은 모든 것 곧 하나님의 깊은 것까지도 통달하시느니라 사람의 일을 사람의 속에 있는 영 외에 누가 알리요 이와 같이 하나님의 일도 하나님의 영 외에는 아무도 알지 못하느니라"(고전 2:10-11), "우리가 세상의 영을 받지 아니하고 오직 하나님으로부터 온 영을 받았으니 이는 우리로 하여금 하나님께서 우리에게 은혜로 주신 것들을 알게 하려 하심이라 우리가 이것을 말하거니와 사람의 지혜가 가르친 말로 아니하고 오직 성령께서 가르치신 것으로 하니 영적인 일은 영적인 것으로 분별하느니라"(고전 2:12~13). 성령께서는 하나님의 모든 것을 아시며 깊은 것까지도 통달하시고 우리에게 알려 주시고 가르쳐 주시는 분이다. 비인격이 어떻게 지식이 있고 가르쳐 주실 수가 있겠는가? 성령은 인격이시기 때문에 지식이 있는 것이다.

② 성령은 감정이 있는 분이시다.

"형제들아 내가 우리 주 예수 그리스도와 성령의 사랑으로 말미암아 너희를 권하노니 너희 기도에 나와 힘을 같이하여 나를 위하여 하나님께 빌어"(롬 15:30). 성령님은 '사랑'을 하실 수 있는 분이시다. 비인격은 사랑을 할 수 없다. 사랑은 인격자만이 할 수 있는 것이다. "하나님의 성령을 근심하게 하지 말라 그 안에서 너희가 구원의 날까지 인치심을 받았느니라"(엡 4:30). 이와 같이 성령님은 근심도 하신다. 비인격이라면 근심을 할 수 없다. 인격자만이 근심을 할 수 있다. 성령님은 근심도 하시는 인격자이시다.

③ 성령은 의지가 있는 분이시다.

"이 모든 일은 같은 한 성령이 행하사 그의 뜻대로 각 사람에게 나누어 주시는 것이니라"(고전 12:11), "그러하나 진리의 성령이 오시면 그가 너희를 모든 진리 가운데로 인도하시리니 그가 자의로 말하지 않고 오직 듣는 것을 말하시며 장래 일을 너희에게 알리시리라"(요 16:13). 이 구절들에서 '그의 뜻대로', '자의로'라는 표현은 인격에만 사용할 수 있는 용어들이다. 성령님은 자신의 '뜻'을 가지신 분이시다. 즉 인격자만 가질 수 있는 '의지'를 가지신 분이라는 뜻이다.

④ 성령님은 생각을 가진 분이시다.

"마음을 살피시는 이가 성령의 생각을 아시나니 이는 성령이 하나님의 뜻대로 성도를 위하여 간구하심이니라"(롬 8:27). 성령은 생각하시는 분이시다. 인격자만이 생각이 있고 마음이 있다. 비인격인 활동력은 스스로의 생각이나 마음이 있을 수 없는 것이다. 이로 보아 성령님은 인격이 있는 분이 분명하다.

성령의 기도가 인격자임을 증명한다.

"이와 같이 성령도 우리의 연약함을 도우시나니 우리는 마땅히 기도할 바를 알지 못하나 오직 성령이 말할 수 없는 탄식으로 우리를 위하여 친히 간구하시느니라"(롬 8:26). 성령께서 '말할 수 없는 탄식'으로 간구하신다. '탄식'은 비인격은 할 수 없다. 인격자만이 할 수 있는 것이다. 성령께서 '친히' 간구하신다. 활동력으로서가 아닌 '성령이 친히' 기도하신다.

성령께서 친히 누구에게 간구하셨는가? 하나님께 간구하셨다는 말씀이다. 여호와의 증인의 주장대로 성령께서 하나님의 활동력이라면 하나님이 친히 간구하셨다는 말이 된다. 그러면 하나님께서 하나님께 간구하고 누가 응답하신다는 말인가? 본문에 성령께서 간구하시고 성부 하나님께서 응답하시는 모습은 성령이 인격을 가지신 분이시며, 활동력이라고 할 수 없다는 근거가 된다. 따라서 여호와의 증인의 성령이 활동력이라는 주장은 맞지 않다.

보혜사의 호칭이 인격자임을 증명한다.

"내가 아버지께로부터 너희에게 보낼 보혜사 곧 아버지께로부터 나오시는 진리의 성령이 오실 때에 그가 나를 증언하실 것이요"(요 15:26). 성령을 '보혜사'라고 했다. 보혜사(파라크레토스)라는 칭호는 비인격에 쓸 수 없는 단어이다. 이 단어는 '상담자', '조력자', '위로자'라는 뜻이며, 인격자에게 쓰는 단어이다. 특히 본문에 '그가'라는 단어는 '에케이노스'로서 '저 사람', '그 남자'라는 뜻의 인칭 대명사이다. 이 본문에 인칭 대명사를 사용한 것은 성령께서 인격자이심을 증명하는 것이다. '보혜사'를 활동력이라 할 수 없다.

'영(프뉴마)'가 인격체임을 증명한다.

성령이라는 단어는 헬라어로 '영[프뉴마]'로 쓰였다. 여호와의 증인들은 '프뉴마'에 '바람', '숨', '공기' 등의 뜻이 있기 때문에 비인격에 쓰이는 단어라고 주장한다. 그러나 여호와의 증인의 이러한 주장은 맞지 않다. 영[프뉴마]는 인격에 쓰이는 단어이다.

"하나님은 영[프뉴마]이시니 예배하는 자가 영과 진리로 예배할지니라"(요 4:24). 인격자이신 하나님이 영[프뉴마]이시다. "주는 영[프뉴마]이시니 주의 영[프뉴마]이 계신 곳에는 자유가 있느니라"(고후 3:17). 예수님도 영[프뉴마]이시다. "우리의 씨름은 혈과 육을 상대하는 것이 아니요 통치자들과 권세들과 이 어둠의 세상 주관자들과 하늘에 있는 악의 영[프뉴마]들을 상대함이라"(엡 6:12). 마귀도 영[프뉴마]이다. "모든 천사들은 섬기는 영[프뉴마]으로서 구원받을 상속자들을 위하여 섬기라고 보내심이 아니냐"(히 1:14). 천사들도 영[프뉴마]이다. 이와 같이 영[프뉴마]는 인격에 쓰인 단어이다. 여호와의 증인의 주장대로 영[프뉴마]가 비인격이고 '활동력', '힘'이라고 한다면 다음의 성경을 인용해 보자.

(요 4:24)-"하나님은 '활동력'이시니", (히 1:14)-"모든 천사는 부리는 '힘'

이시다", (고전 5:5)-"'힘'[프뉴마]이 주 예수의 날에 주 예수의 날에 구원받음".

여기 성경구절을 보면 영[프뉴마]는 '힘'이나 '활동력'이라는 뜻이 아니다. 힘, 능력이라는 단어는 '두나미스' 외에 7종이 있고, '활동한다'는 단어도 '에넬게오'가 사용되고 있다(살후 2:7). 그래서 성령[프뉴마]은 인격이시며 하나님이신 것이다. '프뉴마'를 비인격이라고 주장하는 여호와의 증인의 주장은 맞지 않다.

성령이 비인격적으로 표현된 부분에 대한 반증

여호와의 증인들이 성령을 비인격이라고 주장하는 근거는 성경에 비인격처럼 쓰인 표현들을 말한다. 여호와의 증인의 주장을 확인해 보자.

> "성령을 언급하는 성구들을 비교해 보면 성령이 사람들 안에 '충만'해지는 것으로 말한다는 것과 그것으로 '침례를 받'을 수 있다는 것과 그것으로 '기름부음 받'을 수 있다는 것을 알 수 있다(눅 1:41; 마태 11; 행 10:38). 성령이 인격체라면, 그러한 표현들 중 어느 것도 적절하지 않을 것이다."(워치타워 성서책자협회, 《성경을 사용하여 추리함》, p.163).

여호와의 증인들은 성령에 대하여 사용된 '충만', '기름부음' 등의 용어가 인격체에게는 사용되지 않는 표현이기 때문에 성령을 비인격으로 보아야 한다고 주장한다. 여호와의 증인의 이러한 주장은 잘못된 것이다.

성경에는 '의인법'이 많이 나와 있다. 즉 사물을 사람인 것처럼 표현하는 것을 말한다. 반대로 사람(인격)을 사물(비인격)로 표현하는 '비유법'도 있다. "인간은 갈대다"라는 말처럼 인격이라도 비인격처럼 표현하는 부분들이 있다. "내(여호와)가 이스라엘에게 이슬과 같으리니 저가 백합화 같이 피겠고 레바논 백향목 같이 뿌리가 박힐 것이라"(호 14:5). 이 본문에서는 하나님이 '이슬'로 비유되었다. 비인격적인 표현이다. "그러므로 우리가 여호와를 알자 힘써 여호와를 알자 그의 나오심은 새벽빛같이 일정하니 비와 같이, 땅을 적시는 늦은 비와 같이 우리에게 임하시리라 하리라"(호 6:3). 이 본문에서도 '새벽 빛', '늦은 비' 등의 비인격적 표현을 사용했다.

이렇게 비인격적인 표현이 있다고 하여 하나님을 비인격이라고 할 수 없다. 여호와의 증인의 논리로 한다면 여호와 하나님도 비인격이 되어야 하는 것이다. 성령님에 대하여 '충만', '기름부음' 등의 표현을 한 것은 성령의 영적인 역사를 표현한 것이지 비인격을 말하는 것은 아니다.

제6장
내 세 론

1. 여호와의 증인의 주장

1) 인간의 영혼은 죽는다.

몸이 죽을 때 영혼도 죽는다.

여호와의 증인들은 인간의 몸이 죽을 때 영혼도 죽는다고 주장한다. 정통교회에서 몸은 죽어도 영혼은 죽지 않는다고 주장하는 영혼 불멸의 교리를 부인하는 것이다.

> "겔 18:4; '죄를 짓는 영혼-그것이 죽을 것이다.'['영혼', 「왕역」, 「두에」, 「개표」, 「신영성」, 「녹스」; '사람', 「예루살렘」; '자', 「오영성」]. '육체'와 분리되며 비물질적이고 순전히 영적인 존재라는 '영혼'에 대한 개념은 성서에는 존재하지 않는다. "(위의 책, p.366).

성경에 영혼이 죽는다고 했으니 영혼 불멸의 정통교회 교리는 잘못되었다는 것이다.

"모든 영혼이 다 내게 속한지라 아버지의 영혼이 내게 속함 같이 그의 아들의 영혼도 내게 속하였나니 범죄하는 그 영혼은 죽으리라"(겔 18:4)는 이 구절을 인용하여 몸이 죽을 때 영혼도 같이 죽는다고 주장한다.

영혼과 몸은 분리될 수 없다.

인간의 몸과 영혼은 분리될 수 없다는 것이 여호와의 증인의 주장이다.

> "비록 (히브리어 성경에 나오는) 히브리어 '네페시'가 종종 '영혼'으로 번역되기는 하지만 그 말을 그리스어의 뜻으로 해석하면 부정확한 것이 된다. 네페시는 결코 … 육체와 분리되어 활동하는 것으로 생각되지 않는다. 신약에서 그리스어 단어 '프시케'가 종종 영혼으로 번역되지만 이 단어 역시 그리스 철학자들이 알고 있던 그런 의미를 지니는 것으로 쉽사리 이해해서는 안 된다."(위의 책, p.366).

영혼으로 번역된 히브리어의 '네페쉬'나 헬라어의 '프시케'가 몸과 분리될 수 없는 단어라는 것이다.

> "구약에서는 육체와 영혼의 양분(분리)이 없다. 이스라엘 사람들은 사물을 구체적으로 전체적으로 보았으며 따라서 사람을 혼성체가 아닌 개체로 생각했다. 네페스(네페시)란 말은 영혼으로 번역되었지만, 육체 혹은 개체와 구별되는 영혼을 결코 의미하지 않는다."(위의 책, p.279).

여호와의 증인의 주장에 의하면 영혼[네페시]은 호흡이기 때문에, 육체를 떠나서 영혼만이 따로 존재할 수 없다고 한다.

몸이 죽으면 생각이 소멸된다.

여호와의 증인들은 인간의 몸이 죽으면 영혼도 죽기 때문에 사후 세계에서 의식이 있을 수 없다고 주장한다.

> "시편 146:4; '그의 영'(히브리어, 루아흐)이 나가면 그는 그 흙으로 돌아가고, 그 생각도 그 날로 소멸되고 만다(「신미성」, 「로더럼」, 「영」 및 「두에」(145:4)는 여기에서 루아흐를 '영'으로 번역한다. 일부 번역판은 '호흡'으로 번역한다)."(위의 책, p.281).

이 본문에서 육체가 죽으면 생각도 그날로 소멸된다고 했으니 육체가 죽은 다음 영혼이 살아 있을 수 없다는 말이다.

동물도 영혼이 있다.

여호와의 증인들은 영혼이 인간에게만 있어서 죽은 후에도 영혼이 살아 있다는 것이 맞지 않는다는 증거로, 동물들에게도 영혼이 있다는 성경 구절을 인용한다.

> 창세기 1:20, 21, 24, 25; "하느님이 말씀하셨다. '물에는 산 영혼들이 떼 지어 살고, … 하느님이 큰 바다 괴물들과 물에 떼 지어 사는, 움직이는

모든 산 영혼을 그 종류대로, 날개 달린 모든 날짐승을 그 종류대로 창조하기 시작하셨다. … 이어서 하느님이 말씀하셨다. 땅은 산 영혼들을 그 종류대로 … 내라' 하느님이 땅의 들짐승을 그 종류대로, 가축을 그 종류대로, 땅의 모든 길짐승을 그 종류대로 만들기 시작하셨다'(이 단어가 히브리어로는 네페시이다. 「로더럼」은 '영혼'으로. 일부 번역판들은 '생물(들)'로 번역한다.).

레위기 24:17, 18; "사람이 어떤 인간의 영혼(히브리어로 네페시)이든지 쳐죽이면, 그는 반드시 죽임을 당해야 한다. 또 가축의 영혼(히브리어로 네페시)을 쳐죽인 자는 영혼은 영혼으로 그것을 배상해야 한다(영혼으로 번역된 동일한 히브리어 단어가 인간과 동물에게 적용되었음에 유의하라.)." 요한계시록 16:3; "둘째 천사가 자기의 대접을 바다에 쏟았다. 그러자 그 것이 죽은 사람의 피같이 되어 모든 산 영혼 곧 바다에 있는 것들이 죽었다(이와 같이 「그리스도인 그리스어 성경」 역시 동물이 영혼이라고 알려 준다. 이 단어가 그리스어로는 프시케이다.)."(위의 책, pp.278-279).

　동물들에게 영혼이 있다는 것은 영혼이 죽는다는 여호와의 증인의 교리가 맞다는 증거라는 주장이다.

　영혼(네페시, 프시케)은 호흡이라는 뜻으로 살아 있는 사람을 말한다.

　여호와의 증인은 영혼이라고 쓰인 구약의 히브리어(네페시)나 신약의 헬라어(프시케)는 호흡, 공기, 바람의 뜻으로 살아 있는 사람을 의미한다고 한다.

"'영혼(네페시, 호흡하는 것)'에 대한 히브리어 용어는 모세에 의해 사용되었으며 '살아 있는 존재'를 의미하며 인간이 아닌 존재에도 동일하게 적용될 수 있다. … 프시케(영혼)의 신약 용법은 네페시에 견줄 만하다."(위의 책, p.279).

2) 지옥은 없다.

지옥에 대한 원어의 의미가 영원 지옥을 부인한다.

여호와의 증인들은 지옥으로 번역된 단어들이 잘못 번역된 것이라고 말하고 있다. 여호와의 증인들은 지옥을 부인할 때 먼저 원어의 의미를 설명하는 것으로 시작한다.

> "번역자들은 원어의 단어들을 일관성 있게 번역하지 않고 개인적인 믿음을 가미하여 왜곡했다. 예를 들면; (1) 「왕역」에서는 스올을 '지옥', '무덤' 및 '구덩이'로 번역하였으며, 하이데스를 '지옥'과 '무덤'으로, 게헨나 역시 '지옥'으로 번역했다. (2) 「오늘의 영어 성서」는 하이데스를 '하데스'로 음역하면서 또한 그 단어를 '지옥'과 '죽은 자의 세계'로도 번역한다. 게다가 하이데스를 '지옥'으로 번역하면서도, 게헨나를 그와 동일하게 번역한다. (3) 「예루살렘 성서」에서는 하이데스를 여섯 번은 음역하지만 다른 구절에서는 '지옥'과 '지하의 세계'로 번역한다. 또한 하이데스를 두 경우에 '지옥'으로 번역하면서 게헨나도 그렇게 번역한다. 그로 인해 원어 단어들의 정확한 의미가 모호해졌다."(위의 책, p.367).

즉 여호와의 증인의 주장은 성경에 기록된 '지옥'이라는 단어가 원어의 뜻과 의미가 다르게 잘못 번역되었다는 것이다.

게헨나(지옥)는 쓰레기장이다.

여호와의 증인은 신약 성경에 '지옥'으로 번역된 '게헨나'라는 헬라어가 '쓰레기장'이라는 뜻이 있으므로 지옥으로 번역한 것은 잘못된 것이라고 주장한다. 이러한 여호와의 증인의 주장을 살펴보자.

"「그리스도인 그리스어 성경」에는 게헨나가 12번 언급되어 있다. 5번은 직접 불과 관련되어 있다. 번역자들은 게엔난 투 피로스라는 그리스어 표현을 '지옥불(hell fire, 「왕역」, 「두에」)', '지옥의 불(Fires of hell, 「신영성」)', '불구덩이(「미역」)', '게헨나의 불(「신미성」)'로 번역하였다. 역사적 배경; 힌놈의 골짜기(게헨나)는 예루살렘 성벽 밖에 있었다. 한동안 그곳은 자녀 희생을 포함한 우상 숭배를 행한 장소였다. 1세기에 게헨나는 예루살렘의 오물 소각장으로 사용되고 있었다. 동물의 사체를 골짜기로 던져 불로 태워 버렸다. 그리고 잘 소각되도록 유황이 덧뿌려졌다. 또한 기념 무덤에 매장할 가치가 없다고 여겨진 처형된 죄수들의 시체도 게헨나에 던져졌다. 따라서 마 5:29, 30에서, 예수께서는 '온몸'이 게헨나에 던져진다고 말씀하셨다. 시체가 끊임없이 타는 불 속에 떨어지면, 그것은 소각되어 버렸다. 그러나 시체가 깊은 골짜기의 바위 턱에 떨어졌다면 살이 썩을 때 그곳에 항상 있는 벌레인 구더기가 들끓게 되었다(막 9:47, 48). 산 사람은 게헨나에 던져지지 않았다. 그러므로 그곳은 고통을 느끼는 장소가 아니었다."(위의 책, pp.369-370).

여호와의 증인들은 지옥으로 번역된 '게헨나'라는 단어가 쓰레기장이라는 뜻이 있다고 하여 지옥으로 번역된 성경 구절들을 모두 쓰레기장으로 해석하고 있다.

영원한 고통의 형벌은 없다.

여호와의 증인은 지옥의 영원한 고통은 없다고 주장한다. 성경에서 말하는 영원한 형벌은 번역이 잘못되었다는 것이다. 여호와의 증인의 주장을 살펴보자.

> 마태복음 25:46, 「개역」; "저희는 '영벌'('잘라냄'. 행간; 그리스어. 콜라신)에, 의인들은 영생에 들어가리라(「임패닥 다이어글롯」에는 '영벌' 대신에 '끊어짐'으로 되어 있다. 각주에서 역자는 이렇게 말한다. '콜라신'은 딸라 주에서 유래하였는데 후자의 의미는 다음과 같다.
>
> 1. 잘라내다; 나무에서 가지를 잘라내는 것처럼 베어내다.
> 2. 억제하다, 억압하다.
> 3. 처벌하다 벌하다.
>
> 한 개인을 생명 또는 사회에서 끊어 버리는 것 혹은 속박하는 것은 형벌로 간주된다. 그리하여 그 단어의 세 번째 은유적인 사용법이 생겨났다. 첫 번째 의미가 본문의 후반절과 더욱 잘 부합되기 때문에 그 의미를 채택하여 대조의 힘과 아름다움을 보존했다. 의인은 생명에 이르고 악인은 생명에서 끊어짐 즉 죽음에 이른다. 참조, 살후 1:9)."
>
> 살후 1:9, 「개역」; "이런 자들이 주의 얼굴과 그의 힘의 영광을 떠나 영원한 멸망의 형벌('영원한 파멸'. 「신미성」. 「신영성」; '영원히 없어짐'. 「예루살렘」; '영원한 형벌을 내림'. 「녹스」; '영원한 형벌인 멸망'. 「두에」)을 받으리로다."(위의 책, p.368).

여호와의 증인의 주장은 영벌에 쓰인 헬라어 '콜라신'이 '끊어짐'이라는 뜻이 있기 때문에 '영원한 고통'으로 해석하면 안 된다는 것이다. 성경에 '영원한 고통'으로 말씀하고 있는 내용은 '영원히 끊어져 없어짐'으로 해석해야 한다고 말한다. 그래서 여호와의 증인은 영원한 지옥은 없고 영혼이 끊어져 없어지는 것이라고 주장하는 것이다. 성경에 '영원한 불'이 영원한 것이 아니고 '끊어져 없어짐'이라는 뜻으로 보아야 하는 것은 소돔의 멸망이 좋은 예라고 한다.

> "소돔과 고모라와 그 이웃 도시들도 저희와 같은 모양으로 간음을 행하며 다른 색을 따라 가다가 영원한 불의 형벌을 받음으로 거울이 되었느니라(소돔과 고모라를 멸망시킨 불은 수천 년 전에 꺼졌다. 그러나 그 불로 인한 결과는 지속되어 왔으며, 그 도시들은 재건되지 않았다. 하지만 하느님의 심판은 그 도시들뿐만 아니라 그곳의 악한 거민들에게도 내려졌다. 그들에게 일어난 일은 경고의 본보기가 된다. 눅 17:29에서 예수께서는 그들이 '멸'하여졌다고 말씀하셨으며, 유다 7절은 그 멸망이 영원한 것이라고 알려 준다). "(위의 책, p.368).

여호와의 증인의 주장은 사람이 죽으면 끊어져 없어지는 것이고 영원히 살아나지 못하기 때문에 영원한 멸망이라고 한다. 사람이 죽은 다음에 영혼이 계속 사는 것이 아니기 때문에 영원한 지옥은 있을 필요도 없고 있지도 않다는 것이 그들의 주장이다.

사후에 의식이 없기 때문에 지옥의 고통은 없다.

여호와의 증인들은 죽은 영혼은 의식이 없기 때문에 지옥의 고통은 있을 수 없다고 주장한다. 의식이 없는 상태의 영혼이라면 어떻게 고통이 있을 수 있겠느냐는 것이다. 여호와의 증인의 주장을 확인해 보자.

"전도서 9:5, 10; 산 자들은 자기들이 죽을 것임을 의식하지만, 죽은 자들은 아무것도 의식하지 못하고 … 네가 해야 할 바로서 네 손이 찾아낸 일은 무엇이든 네 힘을 다하여 하여라. 네가 들어갈 곳인 스올에는 일도 없고 계획도 없고 지식도 없고 지혜도 없기 때문이다"(그들이 아무것도 의식하지 못한다면, 고통을 전혀 느끼지 않는 것임이 분명하다. '무덤', 「왕역」, 「녹스」; '지옥', 「두에」; '죽은 자의 세계', 「오영성」; '스올', 「미표」, 「개표」, 「신영성」, 「예루살렘」).

"시편 146:4; 그의 영이 나가면 그는 그 흙으로 돌아가고, 그 생각도 그 날로 소멸되고 만다"('생각', 「왕역」, 「두에」의 경우에는 145:4; '기획', 「예루살렘」; '계획', 「개표」, 「오영성」).

하나님의 성품에 맞지 않다.

여호와의 증인들은 죄인의 영혼을 영원한 지옥에서 고통 받게 하는 것은 사랑의 하나님의 품성에 맞지 않는다고 주장한다. 어찌 사랑의 하나님께서 영혼들이 영원한 고통을 받게 하시겠느냐는 것이다.

"악인이 영원히 고통을 받는다는 것이 하느님의 성품과 조화되는가? 예레미야 7:31; '그들(배교한 유대인들)은 자기 아들 딸들을 불사르려고, 힌놈의 아들 골짜기에 있는 도벳의 산당을 지었는데, 그것은 내가 명령하지도 않았고 나의 마음속에 떠오른 적도 없는 일이다'('만일 그 일이 하느님의 마음에 전혀 떠오르지도 않았다면' 그분이 더 큰 규모로 그러한 일을 하지 않으시는 것이 확실하다). 예; 자녀가 행한 잘못을 벌하기 위하여 아이의 손을 불 위에 대고 있는 부모를 생각할 수 있겠는가? '하느님은 사랑이십니다.'(요첫째 4:8). 올바른 정신을 가진 인간 부모도 결코 하지 않을 일을 그분이 하시겠는가? 분명히 그렇지 않다!"(위의 책, p.370).

악인에 대한 지옥과 영원한 고통의 형벌은 사랑의 하나님의 성품에 맞지 않는 일이므로 악인은 죽음으로 끝내는 것이며 형벌의 고통을 받는 지옥은 없다는 것이다.

부자와 나사로 이야기는 비유이다.

눅 16:19-31의 부자와 나사로에 대한 말씀에는 사후 지옥과 천국에 대한 내용이 확실하게 묘사되어 있다. 그러나 여호와의 증인은 이 내용을 인정하지 않고, 이 내용은 실제 사실이 아니고 비유이기 때문에 말씀을 그대로 인정할 수 없다고 주장한다. 이와 같은 여호와의 증인의 주장을 확인해 보자.

"눅 16:19-31에 있는 이 이야기는 문자적인 것인가, 아니면 단지 다른 어떤 것에 대한 예인가? 「예루살렘 성서」의 각주에서는, 이 이야기가 '역사상의 인물을 언급하는 것이 아닌 이야기 형태의 비유'임을 인정한다. 만일 문자적으로 생각한다면 하느님의 은혜를 누리는 사람들은 모두 한 사람, 아브라함의 품에 들어갈 수 있으며, 손가락 끝의 물이 하데스의 불로 증발되지 않으며 단 한 방울의 물이 그 불 속에 있는 자의 고통을 덜어 줄 수 있다는 뜻이 된다. 그 말이 이치에 맞는 말로 들리는가? 이 이야기가 문자적이라면 성서의 다른 부분과 모순된다. 만일 성서가 그처럼 모순된다면 진리를 사랑하는 사람이 성서를 자기 믿음의 근거로 사용할 수 있 겠는가? 하지만 성서는 모순되지 않는다."(위의 책, p.371).

이 내용은 비유이기 때문에 이 내용에 나타난 지옥의 고통 등에 대한 것은 사실로 받아들일 수 없다는 것이다. 이 내용이 비유라고 주장하는 이유는 실제 역사상 인물을 말하는 것이 아닌 점, 구원받은 사람들이 아 브라함의 품에 들어간다고 표현된 점 등이라고 한다.

2. 내세론에 대한 반증

1) 인간의 영혼이 죽는다는 주장에 대한 반증

영혼에 대한 원어적 구분

여호와의 증인들이 원어를 사용하여 주장을 하기 때문에 여호와의 증 인 교리를 반증하기 위해서는 먼저 원어적 구분을 밝힐 필요가 있다. 영 혼 문제에 대한 원어적인 구분을 해보자. 먼저 '몸'은 구약의 히브리어로 '바싸르'이다. 그리고 '혼'에 해당하는 단어는 '네페쉬'이며 '영'에 해당하 는 단어는 '루아흐'이다. 혼에 해당하는 '네페쉬'는 목숨, 생명, 호흡, 정신 등에 사용되는 단어이며, '영혼'이라는 단어로도 번역되었으나 정통교회 에서 말하는 '영혼'을 말하는 단어는 아니다. '영'에 해당하는 히브리어는 '루아흐'이다. 이 단어가 '영혼'으로 번역되었는데 정통교회에서는 죽지 않 는다는 '영혼'을 말한다.

신약의 헬라어는 '몸'을 '소마', '육'은 '사륵스'라고 한다. 혼에 해당하는 단어는 '프쉬케'이며 '영'에 해당하는 단어는 '프뉴마'이다. '프시케'는 '영혼'으로 번역되기도 했지만 '혼'에 해당하는 단어이다. 목숨, 호흡, 마음, 영혼, 생명 등으로 사용되는 단어이다. '영'에 해당되는 단어는 '프뉴마'이다. '프뉴마'는 사람의 영혼을 말하며 하나님의 '영'도 '프뉴마'이다. 정통 교회에서 죽지 않는 '영혼'을 말할 때 이 '프뉴마'를 사용한다.

	구약	신약
몸 :	(히)바싸르	(헬)소마(몸), 사륵스(육)
혼 :	(히)네페쉬	(헬)프쉬케
영 :	(히)루아흐	(헬)프뉴마

영혼이 죽는다는 주장에 대한 반증

"모든 영혼이 다 내게 속한지라 아비의 영혼이 내게 속함같이 아들의 영혼도 내게 속하였나니 범죄하는 그 영혼이 죽으리라"(겔 18:4). 여호와의 증인들은 이 구절을 인용하여 영혼도 죽는다고 주장한다. 영혼이 죽는다고 했으니 몸이 죽을 때 영혼도 죽는다는 것이다. 이러한 여호와의 증인의 주장은 맞지 않다. 이 본문에 죽는다는 '영혼'은 히브리어의 '네페쉬'이다. '네페쉬'는 인간의 '목숨' 에 해당하는 단어이다.

"원컨대 그대는 나의 누이라 하라 그리하면 내가 그대로 인하여 안전하고 내 목숨[네페쉬]이 그대로 인하여 보존하겠노라 하니라"(창 12:13), "또 내게 이르되 내 목숨[네페쉬]이 아직 내게 완전히 있으므로 내가 고통에 들었나니 너는 내 곁에 서서 나를 죽이라 하시기로"(삼하 1:9). 이렇게

'네페쉬'는 '혼'에 해당하는 단어로서 몸이 죽을 때 죽는 '목숨'이기 때문에 죽는다고 기록된 것이다. 죽지 않는 '영혼'은 '네페쉬'가 아니고 '루아흐'를 말한다. 이 구절을 인용해서 영혼도 죽는다는 여호와의 증인의 주장은 맞지 않다.

영혼과 몸은 분리될 수 없다는 주장에 대한 반증

여호와의 증인들은 몸과 영혼은 절대로 분리될 수 없다고 한다. 다시 말해서, 몸이 죽으면 영혼도 죽는다는 것이다. 그러나 성경은 몸과 영혼은 분리될 수 있다고 말씀하고 있다. 스데반은 죽음의 순간에 "그들이 돌로 스데반을 치니 스데반이 부르짖어 이르되 주 예수여 내 영혼을 받으시옵소서 하고"(행 7:59)라고 했다. 몸이 죽으면 영혼도 죽는다면 왜 영혼을 받아주시라는 기도를 했겠는가? 육과 영은 분리될 수 있으며 죽을 때 분리되는 것이다.

"이런 자를 사탄에게 내주었으니 이는 육신은 멸하고 영은 주 예수의 날에 구원을 받게 하려 함이라"(고전 5:5). 육신은 멸해도 영은 구원을 받게 한다는 말씀은 영과 육이 분리될 수 있음을 보여 준다. 물론 살아 있을 때는 분리될 수 없다. 그러나 죽음을 통하여 영혼과 육체는 분리되는 것이다. "우리가 담대하여 원하는 바는 차라리 몸을 떠나 주와 함께 있는 그것이라"(고후 5:8).

이 본문에서 '몸을 떠나'라는 말은 육과 영의 분리를 의미한다. 몸을 떠난다는 말은 죽음을 뜻하는 것이다. 그래서 바울은 "그런즉 우리는 몸으로 있든지 떠나든지 주를 기쁘시게 하는 자가 되기를 힘쓰노라"(고후 5:9)고 했다. 바울은 자신의 죽음을 영이 몸을 떠나는 것으로 표현한 것이다. 이로 보아 영혼과 몸이 분리될 수 없다는 여호와의 증인의 주장은 비성경적인 주장이다.

동물에게 있는 영혼에 대한 반증

여호와의 증인들은 성경에 동물에게도 영혼이 있다고 기록된 성경의 구절들을 인용하면서 인간의 영혼이 죽은 후에 지옥에 간다면 동물에게는 영혼이 없어야 맞는데, 성경에 동물에게도 영혼이 있다고 되어 있는 것으로 보아 사람이 죽은 후에 영혼이 살아 있다는 것은 맞지 않다는 논리를 펼친다. 특히 "요한계시록 16:3; '둘째 천사가 자기의 대접을 바다에 쏟았다. 그러자 그것이 죽은 사람의 피같이 되어 모든 산 영혼 곧 바다에 있는 것들이 죽었다'"(위의 책, p.279). 바다의 생물들을 영혼이라고 하고 영혼들이 죽었다는 말은 동물의 영혼들이 죽는다는 말로 간주한다.

물론 개역한글이나 개정개역 성경은 '생물'로 번역했다. 여기에 인용된 번역은 여호와의 증인의 성경인 「신세계 역」이다. 동물에게 있는 영혼, 죽는 영혼은 구약에서는 히브리어의 '네페쉬'와 신약에서는 '프시케'가 사용된 것이다. '네페쉬'나 '프시케'는 불멸의 '영혼'을 의미하는 단어가 아닌 인간의 '목숨'을 의미하는 단어이다. 동물들도 목숨을 가지고 있기 때문에 이 단어들이 사용된 것이다. 그러나 인간의 영혼을 말하는 구약의 히브리어 '루아흐'나 신약의 헬라어 '프뉴마'는 동물에게는 없는 것이다. 그래서 성경의 이 단어들이 동물에게는 사용된 적이 없다.

2) 지옥이 없다는 주장에 대한 반증

지옥에 사용된 원어 문제

여호와의 증인들은 지옥으로 번역된 원어들인 '스올', '하데스', '게헨나' 등의 단어들에 대하여 잘못 번역된 것이라고 했다. 여호와의 증인들은 문자주의자들이기 때문에 원어를 많이 인용한다. 그러나 원어를 인용할 때 미리 알아 두어야 할 상식이 있다. 어떤 단어든지 한 단어에 여러 가지의 뜻이 있을 수 있다는 것이다.

우리말에 '밤'이라는 단어는 두 가지의 뜻이 있다. ① 밤나무 열매, ② 일몰 후 어두운 밤, 이 두 가지의 뜻 중에 어느 하나만 해당되는 것으로 주장하는 것은 억지이다. 문장에 따라서 그 해석은 달라져야 한다. "밤을 쪄서 맛있게 먹었다"라는 문장일 경우 '어두운 밤'으로 해석해서는 안 된다. 반대로 "오늘 밤에 잠을 잤다"라는 문장에서 '밤'은 '밤나무 열매'로 해석해서는 안 되는 것이다. 이 문장의 '밤을 밤나무 열매'라고 우기는 것이 여호와의 증인들의 주장이다.

성경에 지옥으로 번역된 단어들은 모두 2가지 이상의 뜻을 가지고 있다. '지옥'이라는 뜻이 있고 다른 뜻도 있다. 그래서 어떤 문장에서는 '무덤'으로, 어떤 문장에서는 '지옥'으로 번역되는 것이다. 지옥으로 번역된 여러 단어 중에서 '게헨나'를 예를 들어 보자. '게헨나'는 두 가지의 뜻이 있다. ① 힌놈의 골짜기(쓰레기장), ② 지옥이다. 문장에 따라서 이 단어는 두 가지 중 하나로 번역되어야 한다. 여호와의 증인은 1번 뜻만을 주장하고 2번 뜻은 부인하는 것이다. 게헨나가 문장에 인용되었을 때는 문장에 따라 한 가지의 뜻으로 해석되는 것이다. 그러면 게헨나를 사용한 문장들을 확인해 보자.

"몸은 죽여도 영혼은 능히 죽이지 못하는 자들을 두려워하지 말고 오직 몸과 영혼을 능히 지옥[게헨나]에 멸하실 수 있는 이를 두려워하라"(마 10:28). 이 문장에서는 '게헨나'를 쓰레기장(힌놈 골짜기)으로 해석할 수 없다. 하나님께서 영혼을 힌놈 골짜기(쓰레기장)에 멸하시는 것이 아니기 때문이다. 이 문장에서 '게헨나'는 마땅히 '지옥'으로 번역, 해석되어야 한다.

"만일 네 손이 너를 범죄하게 하거든 찍어 버리라 장애인으로 영생에 들어가는 것이 두 손을 가지고 지옥[게헨나] 곧 꺼지지 않는 불에 들어가는 것보다 나으니라"(막 9:43). 이 구절에서도 '게헨나'를 '힌놈 골짜기'로 해석할 수 없다. '지옥'으로 번역, 해석되는 것이 맞다. 여호와의 증인은 '힌놈 골짜기(쓰레기장)'로 해석해야 한다고 주장하지만 이는 맞지 않다.

"하나님이 범죄한 천사들을 용서하지 아니하시고 지옥(게헨나)에 던져 어두운 구덩이에 두어 심판 때까지 지키게 하셨으며"(벧후 2:4). 이 구절에서도 '게헨나'를 '지옥'으로 번역하고 해석하는 것이 맞으며, '힌놈 골짜기'로 해석될 수 없다. 범죄한 천사들은 육체가 없으므로 '힌놈 골짜기'에 던져지지 않기 때문이다. 여호와의 증인은 지옥이 없다는 전제하에 성경을 해석하려고 하니까 맞지 않는 해석이 되는 것이다. 지옥에 대한 성경의 원어들을 볼 때 지옥은 분명히 있다.

영원한 형벌이 '끊어짐'이라는 주장에 대한 반증

여호와의 증인들은 마태복음 25:46의 '영벌'을 '영원한 벌'이라고 해석할 수 없다고 주장한다. '형벌'로 번역된 헬라어 '콜라신'에 '끊어짐'의 뜻이 있기 때문이라고 했다. 그러나 여호와의 증인의 이러한 주장은 맞지 않다.

헬라어 '콜라신'은 '형벌', '벌', '고통'의 뜻이 있다. '끊어짐', '잘라내다'라는 뜻의 단어는 '콜라조'이다. '콜라신'을 '끊어짐'으로 해석하는 것은 맞지 않다. '콜라신'에 '끊어짐'의 뜻이 있다고 해도 이 문장에서는 '영원한 형벌', '영원한 고통'으로 해석하는 것이 맞는 것이다. 성경은 영원한 고통에 대하여 여러 곳에 소개하고 있다. "또 그들을 미혹하는 마귀가 불과 유황 못에 던져지니 거기는 그 짐승과 거짓 선지자도 있어 세세토록 밤낮 괴로움을 받으리라"(계 20:10). 이 본문에 '세세토록', '밤낮', '괴로움'이라는 단어들을 어떻게 '끊어짐'으로 해석할 수 있겠는가? 이 말씀대로 지옥의 형벌은 "세세토록 밤낮 괴로움"을 받게 되는 것이다.

"그도 하나님의 진노의 포도주를 마시리니 그 진노의 잔에 섞인 것이 없이 부은 포도주라 거룩한 천사들 앞과 어린 양 앞에서 불과 유황으로 고난을 받으리니 그 고난의 연기가 세세토록 올라가리로다 짐승과 그의 우상에게 경배하고 그의 이름 표를 받는 자는 누구든지 밤낮 쉼을 얻지 못하리라 하더라"(계 14:10-11). 이 구절에 '불과 유황으로 고난을 받으리니', '고난의 연기가 세세토록', '밤낮 쉼을 얻지 못하리라'라는 내용은 지옥의 고통이 있고 그것이 영원하다는 것을 말씀하고 있다. 여호와의 증인의 주장인 '끊어짐'의 뜻이 아니다. 지옥의 형벌과 고통을 '끊어짐'으로 해석하는 여호와의 증인의 주장은 맞지 않다.

사후에 의식이 없다는 주장에 대한 반증

여호와의 증인들은 다음의 성구들을 인용하여 사후에 의식이 없다고 주장한다.

"무릇 산 자는 죽을 줄을 알되 죽은 자는 아무것도 모르며 다시는 상도 받지 못하는 것은 그 이름이 잊어버린바 됨이라"(전 9:5), "무릇 네 손이 일을 당하는 대로 힘을 다하여 할지어다 네가 장차 들어갈 음부에는 일도 없고 계획도 없고 지식도 없고 지혜도 없음이니라"(전 9:10). 이 구절에서 죽은 자에 대하여 소개하는 부분이 있다. 그러나 내세를 소개하는 말씀은 아니다. 살았을 때 누리며 살아야 된다는 말씀을 하면서 죽음에 대하여 말씀하는 것이다.

'죽은 자는 아무것도 모르며 다시는 상도 받지 못한다'고 했다. 그러나 성경은 죽은 후에 반드시 하늘의 상이 있다고 말씀하고 있다(딤후 4:6-8). 이 본문에서 말씀하고 있는 것은 사람이 죽으면 현실 세계를 떠나는 것이기 때문에 현세에서 잊힌바 되고 상도 없고, 계획도 지식도 없다는 말씀이다.

그러나 성경은 죽은 후에도 의식이 있고 생각이 있다는 것을 말씀하는 내용들이 많이 있다. "내 가죽이 벗김을 당한 뒤에도 내가 육체 밖에서 하나님을 보리라"(욥 19:26). 욥은 죽은 후에 육체를 벗어 버리고 하나님을 볼 것이라고 했다. 의식이 없다면 어떻게 하나님을 볼 수 있다는 말인가? 여호와의 증인들이 죽은 후에 의식이 없다고 주장하는 성경 구절이 있다. "그 호흡이 끊어지면 흙으로 돌아가서 당일에 그 도모가 소멸하리로다"(시 146:4). 사람이 죽게 되면 도모가 소멸된다고 하였으니 의식이 없다는 말이라는 것이다.

그러나 이 구절은 귀인들, 도울 힘이 없는 인생을 의지하지 말라(시 146:3)는 것과 그 인간들은 죽으면 끝난다는 것을 말씀하신 것이다. 인간이 죽으면 도울 수가 없게 된다는 것을 말씀하신 것이지 인간의 사후 내세에 대해 말씀을 한 것이 아니다. 예수님께서는 죽은 후에 지옥의 고통을 자세히 소개하셨다(눅 16:19-31). 그러므로 사람이 죽은 후에도 의식이 없기 때문에 지옥의 고통도 없다는 여호와의 증인의 주장은 잘못된 것이다.

하나님의 성품에 맞지 않다.

여호와의 증인들은 사랑의 하나님께서 지옥에서 영원토록 고통을 받게 하시겠느냐고 주장한다. 하나님의 성품에 맞지 않다는 것이다. 그러나 이는 하나님의 성품을 바로 알지 못한 사람들의 주장이다. 성경은 하나님의 성품을 소개하고 있다. "여호와께서 그의 앞으로 지나시며 선포하시되 여호와라 여호와라 자비롭고 은혜롭고 노하기를 더디하고 인자와 진실이 많은 하나님이라 인자를 천 대까지 베풀며 악과 과실과 죄를 용서하리라 그러나 벌을 면제하지는 아니하고 아버지의 악행을 자손 삼사 대까지 보응하리라"(출 34:6-7).

하나님은 사랑의 하나님이다. 자비롭고 은혜롭고 인자를 천 대까지 베푸시는 하나님이시다. 그러나 형벌 받을 자는 결코 면제하지 않으시고 자손 삼사 대까지도 보응하신다. 하나님은 사랑이시기 때문에 구원받을 길을 주시고 은혜를 베푸신다. 그러나 구원의 길을 거절하고 형벌을 받는 사람은 하나님의 긍휼이 없는 형벌을 받는다. 구원을 받는 사람들은 하나님의 사랑을 받는 사람이다. 하나님의 사랑인 구원의 길을 거절한 사람들은 심판을 받고 긍휼 없는 형벌을 받게 된다. 지옥은 사랑의 하나님이며 공의의 하나님이신 하나님의 성품에 부합하는 곳이다.

부자와 나사로 이야기가 비유라는 주장에 대한 반증

누가복음 16:19-31에 나오는 부자와 나사로의 이야기는 인간의 사후의 모습을 잘 보여준다. 지옥에 가서 고통당하는 모습과 천국에 들어간 사람의 행복을 누리는 모습을 잘 보여주고 있다. 여호와의 증인들의 육체가 죽으면 영혼도 없어져 버린다는 교리로는 이해할 수 없는 내용이다.

그래서 여호와의 증인들은 이 내용은 실제 사실이 아니고 비유라고 주장한다. 바리새인들과 예수님을 따르는 유대인들에게 비유로 말씀하신 것이지 지옥이 있다고 말씀한 것이 아니라고 한다. 비유이기 때문에 사실로 받아들일 수 없다는 맥락이다. 이러한 여호와의 증인의 주장은 맞지 않다. 예수님은 이 말씀을 하실 때 비유라고 말씀하시지 않으셨다.

성경에서 비유는 '예수께서 비유로 말씀하여', '천국은 마치'와 같이 비유임을 밝히고 있다. 그러나 이 본문에서는 비유임을 밝히고 있지 않다. 그리고 비유를 말씀하실 때는 비유에 인물의 이름이 등장하지 않는다. 예를 들어 "그 도시에 한 과부가 있어"(눅 18:3), 이 비유에서는 과부나 재판관의 이름이 등장하지 않는데, 비유이기 때문이다. 그러나 부자와 나사로 이야기는 "나사로라 이름하는 한 거지"와 같이, 주인공의 이름을 분명히 밝히고 있다. 그래서 이 말씀은 비유라고 볼 수 없다. 부자와 나사로에 대한 예수님의 말씀은 내세에 대한 분명한 사실을 알려 준다. 사람이 죽은 후에 그 영혼이 천국이나 지옥으로 간다는 것이다.

"이에 그 거지가 죽어 천사들에게 받들려 아브라함의 품에 들어가고 부자도 죽어 장사되매"(눅 16:22). 죽은 영혼은 천국이나 지옥으로 간다는 것, 천국은 행복한 곳이고 지옥은 고통의 장소라는 것, "그가 음부에서 고통중에 눈을 들어 멀리 아브라함과 그의 품에 있는 나사로를 보고 불러 이르되 아버지 아브라함이여 나를 긍휼히 여기사 나사로를 보내어 그 손가락 끝에 물을 찍어 내 혀를 서늘하게 하소서 내가 이 불꽃 가운데서 괴로워하나이다 아브라함이 이르되 얘 너는 살았을 때에 좋은 것을 받았고 나사로는 고난을 받았으니 이것을 기억하라 이제 그는 여기서 위로를 받고 너는 괴로움을 받느니라"(눅 16:23-25). 내세에서 현세로 왕래할 수 없다는 것 등이다.

여호와의 증인의 주장대로 이 말씀이 비유라고 해도 오히려 지옥이 있다는 사실을 증명한다. 비유는 사실이 있어야 비유가 되기 때문이다. 지옥이 없는데 지옥을 비유하는 말씀을 할 수 없다. 실제로 지옥이 없는데 예수님께서 지옥을 비유로 말씀했다면 예수님은 거짓말을 하셨다는 말이 된다. 예수님께서는 부자와 나사로에 대한 말씀을 통하여 죽은 후에 영혼이 천국이나 지옥으로 가는 것을 분명하게 말씀하셨다. 지옥이 없다는 여호와의 증인의 말은 맞지 않다.

지옥은 있는가?

① 성경에 언급된 지옥에 대한 여러 성경 구절들이 지옥을 증명하고 있다.

"나는 너희에게 이르노니 형제에게 노하는 자마다 심판을 받게 되고 형제를 대하여 라가라 하는 자는 공회에 잡혀가게 되고 미련한 놈이라 하는 자는 지옥 불에 들어가게 되리라"(마 5:22).

"만일 네 오른 눈이 너로 실족하게 하거든 빼어 내버리라 네 백체 중 하나가 없어지고 온 몸이 지옥에 던져지지 않는 것이 유익하며 또한 만일 네 오른손이 너로 실족하게 하거든 찍어 내버리라 네 백체 중 하나가 없어지고 온 몸이 지옥에 던져지지 않는 것이 유익하니라"(마 5:29-30).

"몸은 죽여도 영혼은 능히 죽이지 못하는 자들을 두려워하지 말고 오직 몸과 영혼을 능히 지옥에 멸하실 수 있는 이를 두려워하라"(마 10:28).

"화 있을진저 외식하는 서기관들과 바리새인들이여 너희는 교인 한 사람을 얻기 위하여 바다와 육지를 두루 다니다가 생기면 너희보다 배나 더 지옥 자식이 되게 하는도다"(마 23:15).

"뱀들아 독사의 새끼들아 너희가 어떻게 지옥의 판결을 피하겠느냐"(마 23:33).

"만일 네 손이 너를 범죄하게 하거든 찍어 버리라 장애인으로 영생에 들어가는 것이 두 손을 가지고 지옥 곧 꺼지지 않는 불에 들어가는 것보다 나으니라"(막 9:43).

지옥이 없다면 성경 여러 구절에 지옥을 언급할 수 없었을 것이다. 성경에 있는 대로, 지옥은 분명히 있다.

② 지옥에 대한 성경의 정확한 소개가 지옥을 증명한다.

성경에는 지옥이 어떤 곳인지 자세히 소개하고 있다. 지옥이 없다면 성경의 증언들은 거짓말이 되고 말 것이다. 지옥이 있기 때문에 지옥에 대하여 소개하고 있는 것이다. 성경에서 소개하고 있는 지옥은 어떤 곳인가?

"만일 네 눈이 너를 범죄하게 하거든 빼버리라 한 눈으로 하나님의 나라에 들어가는 것이 두 눈을 가지고 지옥에 던져지는 것보다 나으니라 거기에서는 구더기도 죽지 않고 불도 꺼지지 아니하느니라 사람마다 불로써 소금 치듯 함을 받으리라"(막 9:47-49).

"또 그들을 미혹하는 마귀가 불과 유황 못에 던져지니 거기는 그 짐승과 거짓 선지자도 있어 세세토록 밤낮 괴로움을 받으리라"(계 20:10).

'꺼지지 않는 불', '세세토록 밤낮 괴로움을 받는 곳'이라고 소개했다. 없는 지옥을 이렇게 소개했다면 성경은 거짓말이 된다.

제7장

부활론

1. 여호와의 증인의 주장

1) 예수님의 부활

예수님은 영만 부활하셨다.

여호와의 증인들은 예수님의 육체 부활을 부인한다. 예수님은 영이 부활하셨다고 주장한다.

> "베드로전서 3:18; '그리스도께서도 죄와 관련하여 단 한 번 죽으셨으니, 의로우신 분이 불의한 사람들을 위하여 죽으신 것입니다. 그것은 그분이 육으로는 죽임을 당하셨으나 영으로는('영에 의해'. 「왕역」; '영으로는'. 「개표」, 「신영성」, 「두에」, 「예루살렘」) 살리심을 받(으시려는 것입니다),' (예수께서는 죽은 사람들 가운데서 부활되셨을 때. 영의 몸으로 출생하셨다. 그리스어 본문에서는 '육'이라는 단어와 '영'이라는 단어가 서로 대조되어 있으며 둘 다 여격으로 되어 있다. 그러므로 만일 번역자가 '영에 의해'라고 번역하면 역시 일관성 있게 '육

에 의해'라고 하지 않을 수 없다. 또는 만일 번역자가 '육으로는'이라고 번역하면 역시 '영으로는'이라고 하지 않을 수 없게 된다)."(워치타워 성서책자협회. 《성경을 사용하여 추리함》, pp.138-139).

예수님의 영이 부활했기 때문에 사람들이 알아보지 못했다고 한다.

"예수께서는 부활되신 다음에, 언제나 통일한 육의 몸으로 나타나시지는 않았다(아마 그 당시 자신이 영이라는 사실을 정신에 심어주기 위해서였을 것이다). 그러므로 그분의 친밀한 동료들까지도 즉시 그분을 알아보지는 못했다."(위의 책, p.139).

그의 친밀한 동료까지도 알아보지 못했던 이유는 몸이 없는 영이었기 때문이라는 것이다.

부활하신 예수님은 물질화해서 보여졌다.

여호와의 증인들은 부활한 예수님은 영이지만 물질화해서 보여주신 것이라고 한다. 천사들도 영이지만 물질화해서 보여준 적이 있다는 것이다.

"인간은 영들을 볼 수 없다. 그러므로 제자들은 분명히 유령 혹은 환상을 보고 있다고 생각했다(비교. 막 6:49, 50). 예수께서는 그들에게 자기는 유령이 아님을 확신시켜 주셨다. 그들은 그분의 육의 몸을 볼 수 있었고 그분을 만져보고 뼈를 느낄 수 있었다. 또한 그분은 그들이 있는 데서 식사도 하셨다. 그와 비슷하게 과거에, 천사들은 사람들에게 보일 수 있도록 물질화했었으며 먹기도 하고 심지어 결혼하여 아이들의 아버지가 되기까지 했었다(창 6:4; 19:1-3)."(위의 책, p.139).

부활하신 예수님이 자신을 보여주신 것은 영이지만 물질화해서 보여준 것이지 몸이 부활한 것이 아니라는 것이다. 부활하신 예수님이 문들이 잠겨 있었는데도 그들 가운데 나타나신 것은 영이었기 때문이라고 한다.

"예수께서 부활되신 후에 제자들에게 육체의 형태로 나타나신 것은 사실이다. 그러나 어떤 경우에 제자들이 처음에는 그분을 알아보지 못하였던 이유는 무엇인가?(눅 24:15-32; 요 20:14-16). 한번은, 의심하는 도마를 위하여 예수께서는 손에 못 자국이 있고 옆구리에 창에 찔린 상처가 있는 육체의 증거를 가지고 나타나셨다. 그러나 그 경우 문들이 잠겨 있었는데도 어떻게 갑자기 그들 가운데 나타나실 수 있었는가?(요 20:26, 27).
과거에 천사들이 인간에게 나타날 때와 같이, 분명히 예수께서는 그러한 경우 몸을 물질화하셨다. 예수께서 부활하셨을 때 그분의 육체를 처리하는 일은 하느님께 전혀 문제가 되지 않았다. 흥미롭게도 하느님께서 육체는 무덤에 남겨 두시지 않으셨지만(예수께서 실제로 부활되셨다는 제자들의 확신을 강화시켜 주기 위함이 분명하다), 그 몸을 쌌던 세마포는 거기에 남아 있었다. 그러나 부활된 예수는 언제나 온전히 옷을 입으시고 나타나셨다(요 20:6, 7)."(위의 책, p.139).

왜 예수님의 영 부활을 주장하는가?

여호와의 증인들이 예수님의 영 부활을 주장하는 이유는 영 재림의 교리 때문이다. 예수님은 영으로 부활하여 하늘에 영으로 계시다가 재림할 때 영으로 재림하셨다는 것이다. 예수님이 영으로 재림하셨기 때문에 육적인 사람들은 예수님의 재림을 볼 수가 없다는 것이다. 1914년에 예수님이 영으로 재림하셨는데 재림하신 후에 소수의 여호와의 증인들이 이해의 눈으로써 예수님의 재림을 깨닫게 되었다는 것이다.

> "이 모든 것을 참작하여 볼 때 그는 세상에 떠들썩하게 오시지 않고 조용한 가운데서 구름이 대표하는 바와 같이 보이지 않게 오시지 않으면 안 됩니다. 다만 그의 재림을 깨어 지키고 있는 충성스러운 추종자들만이 그들의 이해의 눈으로써 그가 영으로 임재하여 계신 것을 분별할 수 있습니다."(워치타워 성서책자협회, 《이것은 영원한 생명을 의미합니다》, p.235).

2) 성도의 부활

천적 부활

여호와의 증인들은 성도의 부활은 두 계급이 있다고 한다. 이 두 계급의 부활은 천적 부활과 지적 부활이다. 먼저 천적 부활에 대하여 알아보자. 천적 부활은 하늘에 가서 살 사람들의 부활이다. 여호와의 증인들은 이 부활을 첫째 부활이라고 한다.

> "누가복음 12:32; '적은 무리여 두려워하지 마십시오. 왕국을 여러분에게 주는 것을 여러분의 아버지께서 승인하셨기 때문입니다'(믿음을 나타내는 모든 사람이 이들 가운데 포함되지는 않는다. 그 수가 제한되어 있다. 그들이 하늘에 있게 되는 것은 특정한 목적을 위해서이다). 요한계시록 20:4, 6; '나는 왕

좌들을 보았는데, 그 위에 앉아 있는 이들이 있었고, 그들에게 심판하는 권세가 주어졌다. … 첫째 부활에 참여하는 사람은 행복하고 거룩하다. 이들에 대해서는 둘째 사망이 아무 권위도 갖지 못한다. 도리어 그들은 하느님과 그리스도의 제사장이 될 것이며, 그리스도와 함께 천 년 동안 왕으로 통치할 것이다."(위의 책, p.140).

천적 부활에 참여하는 사람은 제한된 숫자라고 한다. 그래서 성경에서 말하는 '적은 무리'가 바로 천적 부활자라는 것이다. 이 적은 무리 천적 부활 자들이 바로 14만 4천 명이라고 한다. "그들은 14만 4천 명의 영으로 기름부음 받은 그리스도인들이 하늘 왕국에서 그리스도와 함께 참여하여 왕으로서 통치할 것을 믿는다. 그들은 하늘 생명의 상이 '선한' 모든 사람을 위한 것이라고는 믿지 않는다."(위의 책, p.252). 천적 부활에 참여하는 14만 4천 명은 하늘에서 영광스러운 몸으로 부활하여 왕 노릇할 사람들이라고 한다.

지적 부활

이 땅이 낙원이 되었을 때 살아야 할 사람들이 있다. 이 땅에 살 사람으로 부활하는 지적 부활자들이 있다는 것이다. "천적 부활에 참여하는 자는 예수 그리스도 외에 14만 4천 명뿐인 것이 성경에 명백히 나타나 있다. 그러면 그것은 무덤으로부터 나올 자가 그 외에는 없다는 것을 말하는 것인가? 아니다. 그 외에 지적 부활이 있다. 더 많은 인간들이 낙원으로 변한 이 땅에서 생명을 얻게 된다"(워치타워 성서 책자협회, 《하나님은 참되시다 할지어다》, p.320). 이 지적 부활자들은 셀 수 없는 많은 사람들의 큰 무리이며, 이 땅이 낙원이 되었을 때 그들은 부활해서 일정 기간의 교육을 받는다고 한다. 여호와의 증인의 교리를 확인해 보자.

> 누가복음 23:43; "진실로 내가 오늘 당신에게 말하는데, 당신은 나와 함께 '낙원'에 있을 것입니다"(그리스도께서 왕으로 통치할 때 온 땅이 낙원으로 변모될 것이다). 계 20:12, 13; "나는 죽은 사람들이 큰 자나 작은 자나 왕좌 앞에 서 있는 것을 보았다. 그리고 두루마리들이 펴 있었다. 그러나 다른 두루마리가 펴 있었는데 그것은 생명의 두루마리이다. 죽은 사람들이 그 두루마리들에 기록된 것에 따라 자기의 행위대로 심판을 받았다. 그들이 각각 자기의 행위대로 심판을 받았다"(두루마리들이 펴 있다는 것은 이사야 26:9과 일치하게 하느님의 뜻을 배우는 교육 기간이 있을 것임을 지적하는 것 같다. '생명의 두루마리'가 펴 있다는 사실은 그 교육에 유의하는 사람들이 자기들의 이름을 그 두루마리에 기록되게 할 수 있는 기회가 있다는 것을 알려 준다. 그들 앞에는 인간 완전성 가운데 영원한 생명을 누릴 수 있는 전망이 있다). (워치타워 성서책자협회, 《이것은 영원한 생명을 의미합니다》, p.142).

2. 부활론 반증

1) 예수님의 영 부활 반증

영 부활은 없다.

예수님의 영이 부활했다는 말은 부활을 부인하는 말이다. 부활이란 죽었던 몸이 다시 사는 것이다. 예수님은 영이 죽으신 것이 아니라 몸이 죽으셨다. 따라서 부활도 몸이 부활하시는 것이고, 부활하셨다는 것은 몸이 다시 사셨다는 것이다. 영은 부활이 없다. 영은 죽지 않기 때문이다. 그래서 영 부활이란 없다. 여호와의 증인들이 예수님의 부활이 영 부활이라고 주장하는 것은 예수님의 부활을 부인하는 것이다. 부활이란 몸에 해당되는 것이지 영에 해당하는 말이 아니다. 여호와의 증인들이 예수님의 영 부활을 주장할 때 인용하는 성경 구절을 보자.

"그리스도께서도 단번에 죄를 위하여 죽으사 의인으로서 불의한 자를 대신하셨으니 이는 우리를 하나님 앞으로 인도하려 하심이라 육체로는 죽임을 당하시고 영으로는 살리심을 받으셨으니"(벧전 3:18). 이 본문에도 분명히 육체가 죽임을 당하셨다고 했다. 육체가 죽었다면 육체가 살아나야 부활이 되는 것이다. 예수님은 육체가 죽으시고 성령의 역사로 예수님의 몸이 살리심을 받음으로 부활하신 것이다.

부활에 대한 예언이 육체 부활을 증거한다.

예수님에 대한 모든 역사는 예언되어 있고 예언대로 이루어졌다. 예수님의 탄생, 생애, 죽음, 부활, 승천, 재림까지 예언되어 있고 그 예언대로 이루어졌다. 예수님의 부활도 구약 성경에 예언되었고 예수님께서 스스로 예언하셨다. 그 예언을 살펴보면 예수님의 부활이 어떻게 이루어질 것인지 확실하게 알 수가 있다. 먼저 구약 성경에 예수님의 부활에 대한 예언을 확인해 보자.

"미리 본 고로 그리스도의 부활을 말하되 그가 음부에 버림이 되지 않고 그의 육신이 썩음을 당하지 아니하시리라 하더니 이 예수를 하나님이 살리신지라 우리가 다 이 일에 증인이로다"(행 2:31-32). 이 말씀은 시

16:10을 인용하여 부활 예언을 소개하는 내용이다. 예수님의 부활에 대하여 "부활을 말하되 그가 음부에 버림이 되지 않고 그의 육신이 썩음"당하지 않는다고 했다. 부활은 육신이 썩지 않고 다시 사는 것이다. 예수님은 이 예언대로 십자가에 죽으셨으나 육신이 썩지 않고 삼일 만에 부활하신 것이다.

예수님은 자신의 부활에 대하여 스스로 예언을 하셨다. "예수께서 대답하여 이르시되 너희가 이 성전을 헐라 내가 사흘 동안에 일으키리라 유대인들이 이르되 이 성전은 사십육 년 동안에 지었거늘 네가 삼 일 동안에 일으키겠느냐 하더라 그러나 예수는 성전 된 자기 육체를 가리켜 말씀하신 것이라"(요 2:19-21). 이 성전(예수님의 육체)을 헐고 사흘 동안에 일으키신다고 예언하셨다. 예수님의 예언대로 장사된 지 사흘 후에 부활하신 것이다. 예수님의 몸이 부활하시지 않으셨다면 예수님의 이 예언은 거짓말이 된다. 예수님은 구약의 예언과 예수님 자신의 예언대로 사흘 만에 몸이 다시 사신 것이다. 여호와의 증인의 영 부활 주장은 맞지 않다.

빈 무덤이 예수님의 육체 부활을 증거한다.

예수님께서 부활하셨을 때 예수님의 무덤에 예수님의 몸은 없었다. "돌이 무덤에서 굴려 옮겨진 것을 보고 들어가니 주 예수의 시체가 보이지 아니하더라 이로 인하여 근심할 때에 문득 찬란한 옷을 입은 두 사람이 곁에 섰는지라 여자들이 두려워 얼굴을 땅에 대니 두 사람이 이르되 어찌하여 살아 있는 자를 죽은 자 가운데서 찾느냐 여기 계시지 않고 살아나셨느니라 갈릴리에 계실 때에 너희에게 어떻게 말씀하셨는지를 기억하라"(눅 24:2-6).

예수님의 시체가 없었던 이유는 살아나셨기 때문이라고 천사는 설명했다. 예수님의 무덤이 비어 있었다는 것은 예수님의 부활을 증명한다. 예수님의 몸이 부활했기 때문에 예수님의 무덤에 몸이 없었던 것이다. 여호와의 증인의 주장대로 예수님께서 영이 부활하셨다면 예수님의 몸은 무덤에 있어야 하는 것이다. 천사의 증거대로 "여기 계시지 않고 살아나셨느니라." 예수님은 몸이 부활하셨다. 여호와의 증인의 영 부활 주장은 맞지 않다.

예수님께서 직접 증거하셨다.

예수님께서 부활하신 후 제자들에게 나타나셔서 자신은 영이 아니라 부활하신 몸이라고 말씀하셨다. "이 말을 할 때에 예수께서 친히 그들 가운데 서서 이르시되 너희에게 평강이 있을지어다 하시니 그들이 놀라고 무서워하여 그 보는 것을 영으로 생각하는지라 예수께서 이르시되 어찌하여 두려워하며 어찌하여 마음에 의심이 일어나느냐 내 손과 발을 보고 나인 줄 알라 또 나를 만져 보라 영은 살과 뼈가 없으되 너희 보는 바와 같이 나는 있느니라"(눅 24:36–39). 부활 후에 예수님께서 제자들에게 나타나셨을 때 제자들은 예수님을 영인 줄로 알았다. 오늘날 여호와의 증인과 같은 생각을 한 것이다. 예수님께서 부활하신 것이 아니고 영으로 오신 줄 알았던 것이다. 이러한 제자들에게 예수님은 분명하게 말씀하셨다. "영은 살과 뼈가 없으되" 영은 살과 뼈가 없다. 이는 예수님께서 말씀하신 것이다. '살과 뼈'가 육체이다. 예수님은 "나는 있느니라"고 말씀하셨다. 이 말씀은 영은 살과 뼈 없는 것인데 나는 살과 뼈가 있으니 영이 아니고 육체이다, 라고 증언하신 것이다. 심지어 만져 보고 내가 몸이 부활했다는 것을 확인하라고까지 말씀하셨다. 예수님의 몸은 부활하셨고 여호와의 증인의 영 부활 주장은 맞지 않다.

2) 성도의 천적 부활, 지적 부활 반증

두 종류의 부활은 성경에 없다.

구원받은 성도가 부활을 할 때 14만 4천 명은 천적 부활을 해서 하늘에서 살고, 큰 무리는 지적 부활을 하여 땅에서 살게 된다는 여호와의 증인의 부활론은 비성경적인 교리이다. 성경에 부활에 대한 증거들을 다 찾아보아도 두 가지의 부활을 언급하고 있지 않다. "보라 내가 너희에게 비밀을 말하노니 우리가 다 잠 잘 것이 아니요 마지막 나팔에 순식간에 홀연히 다 변화되리니 나팔 소리가 나매 죽은 자들이 썩지 아니할 것으로 다시 살아나고 우리도 변화되리라 이 썩을 것이 반드시 썩지 아니할 것을 입겠고 이 죽을 것이 죽지 아니함을 입으리로다"(고전 15:51-53). 이와 같이 성경은 부활을 말할 때 두 가지 부활을 말씀하고 있지 않다. "우리가 다 잠 잘 것이 아니요 마지막 나팔에 순식간에 홀연히 다 변화되리니"라고 했다. 구원받은 모든 성도가 다 함께 부활하는 것이다. 천적, 지적 부활은 따로 없다. 이는 여호와의 증인의 지어낸 교리일 뿐이다.

14만 4천인과 큰 무리

여호와의 증인들이 두 가지의 부활인 천적 부활과 지적 부활의 교리를 만든 근거는 요한계시록 7장에 나오는 14만 4천 명에 대한 구절이다. "내가 인 맞은 자의 수를 들으니 이스라엘 자손의 각 지파 중에서 인 맞은 자들이 14만 4천이니"(계 7:4). 요한계시록 7:4-8에 14만 4천인이 인 맞는 장면이 소개되었고 "이 일 후에 내가 보니 각 나라와 족속과 백성과 방언에서 아무라도 능히 셀 수 없는 큰 무리가 흰 옷을 입고 손에 종려가지를 들고 보좌 앞과 어린 양 앞에 서서"(계 7:9), 요한계시록 7:9-17에서 셀 수 없는 큰 무리가 있음을 소개하고 있다. 여호와의 증인들은 이 구절을 잘못 해석하여 14만 4천인은 천적 반열로서 천적 부활을 하여 천국에 살면서 제사장으로서 왕 노릇을 하게 되고 큰 무리는 지적 부활을 하여 낙원이 된 땅에서 산다고 한다.

> "14만 4천 명의 충실한 그리스도인들만이 하늘에서 그리스도와 함께 왕 겸 제사장이 될 것이며 나머지 순종적인 인류는 지상 낙원에서 영원한 생명을 받게 될 것이다."(워치타워 성서책자협회, 《성경을 사용하여 추리함》, p.29).

여호와의 증인의 이러한 해석은 잘못된 것이다. 계 7장에 나오는 14만 4천인과 큰 무리는 다른 사람들이 아니라 같은 사람들이다. 계 7장 1절부터 8절까지는 14만 4천명이 인 맞는 장면을 소개하고 있고 9절부터 17절까지는 이 사람들이 어떤 사람들인가를 소개하고 있다. 즉 14만 4천인은 큰 무리이며 같은 사람들이다. 14만 4천인은 인 맞은(구원 받은) 성도의 영적인 숫자를 말한 것이다. 큰 무리가 14만 4천인이라고 하는 증거는 다음과 같다.

첫째, 큰 무리도 제사장이기 때문이다. 여호와의 증인들은 14만 4천인만 제사장이라고 했는데, 성경은 큰 무리도 제사장이라고 한다. "그러므로 그들이 하나님의 보좌 앞에 있고 또 그의 성전에서 밤낮 하나님을 섬기매 보좌에 앉으신 이가 그들 위에 장막을 치시리니"(계 7:15). 성전에서 섬기는 사람들이라고 한 것은 제사장들을 말하는 것이다. 제사장들만 성전에 들어갈 수 있고 제사장들만 성전에서 섬긴다. 큰 무리가 '성전에서 밤낮 섬긴다'는 것은 큰 무리가 '제사장'이라는 것을 말해 준다. 이로 보아 14만 4천인은 제사장이고 큰 무리는 일반인이라는 여호와의 증인의 주장은 맞지 않다.

둘째, 큰 무리가 하나님의 보좌 앞에 있기 때문이다. 14만 4천인은 하나님의 보좌 앞에 있는 사람들이라고 했다. "그들이 보좌 앞과 네 생물과 장로들 앞에서 새 노래를 부르니 땅에서 속량함을 받은 14만 4천밖에는 능히 이 노래를 배울 자가 없더라"(계 14:3). 여호와의 증인은 14만 4천인이 하늘의 하나님의 보좌 앞에 있으니 천적 반열이라고 한다.

그러나 성경은 큰 무리도 하나님의 보좌 앞에 있다고 했다. "그러므로 그들이 하나님의 보좌 앞에 있고 또 그의 성전에서 밤낮 하나님을 섬기매 보좌에 앉으신 이가 그들 위에 장막을 치시리니"(계 7:15). 14만 4천인도 하나님의 보좌 앞에, 큰 무리도 하나님의 보좌 앞에 있다고 했다. 둘 다 같은 장소에 있다는 것이다. 14만 4천인이 있는 보좌 앞이 하늘이면 큰 무리가 있는 보좌 앞도 하늘이다. 이는 두 무리가 아니고 같은 사람들이라는 것이다. 천적 반열과 지적 반열로 나누고, 천적 부활, 지적 부활이라고 하는 여호와의 증인의 교리는 성경에 맞지 않다.

제8장

식물론

1. 여호와의 증인의 주장

1) 피 식용 금지

피를 먹으면 안 된다.

여호와의 증인들은 구약에서 피를 식용으로 할 수 없도록 금하는 율법을 지금도 적용시켜 철저히 피 식용을 금지하고 있다. 구약성경의 기록대로 피를 먹는 것은 심각한 죄악이라고 가르치며, 신약에서도 피를 먹는 것은 같은 죄악이라고 한다고 주장한다. 여호와의 증인의 주장을 살펴보자.

> "사도행전 15:28, 29; '성령과 우리 자신(그리스도인 회중의 통치체)은 이 필요한 것들 외에는 더 이상 아무 무거운 짐도 여러분에게 더하지 않는 것이 좋다고 생각하였습니다. 곧 우상에게 희생으로 바쳐진 것들과 피와 목졸려 죽은(즉 피를 빼지 않고 죽인) 것들과 음행을 계속 멀리하십시오. 이런

것들로부터 주의 깊이 떠나 있으면 여러분은 번영할 것입니다. 여러분의 건강을 빕니다(여기서, 피를 먹는 것은 해서는 안 되는 일들인 우상 숭배 및 음행과 동일시되고 있다)!'"(위의 책, p.404).

그래서 여호와의 증인들은 모든 동물의 피와 피로 된 모든 식물을 금하고 있다.

고기를 먹어도 피째 먹으면 안 된다.

피의 식용을 금하는 율법을 지키려면 고기를 먹을 때 조심해야 한다. 동물의 고기에는 피가 들어있기 때문이다. 그래서 구약의 이스라엘 백성들은 고기는 먹어도 피를 먹지 말라는 법을 지키기 위해 고기에서 피를 빼내고 먹어야 했다. "그러나 고기를 그 생명 되는 피째 먹지 말 것이니라"(창 9:4). 여호와의 증인들도 고기를 먹을 때 피째 먹지 말아야 한다고 가르친다.

"창 9:3, 4; '살아 움직이는 모든 동물이 너희를 위한 양식이 될 것이다. 푸른 초목처럼 내가 정녕 그 모든 것을 너희에게 준다. 다만 고기를 그 영혼, 그 피 있는 채로 먹어서는 안 된다.' '식품으로 사용되는 동물은 어느 것이나 적절히 피를 빼야 한다. 목매어 죽인 동물이나 덫에 걸려 죽은 동물이나 죽은 후에 발견된 동물은 식품으로 적합하지 않다(행 15:19, 20; 비교, 레위 17:13-16). 마찬가지로, 전혈이나 어떤 혈액 성분이 첨가된 식품은 무엇이든 먹어서는 안 된다.'"(위의 책, p.404).

여호와의 증인들은 구약에 언급한 그 말씀대로 고기를 먹어도 피째 먹으면 안 된다고 한다.

2) 수혈 금지

인간의 피도 금한다.

피의 식용을 금하는 여호와의 증인들은 동물의 피만을 말하는 것이 아니라 인간의 피도 철저히 금해야 한다고 가르친다.

> "성서가 금하는 것에는 인간의 피도 포함되는가? 그렇다. 초기 그리스도인들은 그렇게 이해했다. 사도행전 15:29에서는 '피(를) …계속 멀리하라'고 교훈한다. 그것은 동물의 피만 멀리하라는 뜻이 아니다(비교. 레 17:10. 그 구절에서는 '어떤 피든지' 먹는 것을 금했다). 테르툴리아누스(초기 그리스도인의 믿음을 변호하는 글을 쓴 사람)는 이와 같이 말했다. '피에 대한 금지령을 인간의 피에 대해 더욱 적용되는 금지령이라고 우리는 이해한다.' 「니케아 이전의 교부들」 4권, 86면. "(위의 책. p.406).

그래서 여호와의 증인들은 피의 식용을 금할 때 동물의 피만이 아니라 인간의 피도 똑같이 적용된다고 한다.

수혈도 피를 먹는 것이다.

여호와의 증인들은 수혈하는 것은 피를 먹는 것이라고 하여 절대로 수혈을 하지 않는다. 여호와의 증인들이 수혈을 하지 않는 것은 피를 먹지 말라는 계율 때문이다. 여호와의 증인의 주장을 확인해 보자.

> "수혈은 과연 피를 먹는 것과 동일한가? 병원에서는, 환자가 음식을 입으로 먹을 수 없을 때, 그에게 정맥 주사로 양분을 공급한다. 그러면 입안으로는 피를 전혀 넣지 않지만 수혈로 피를 받아들이는 사람은 과연 '피(를) ⋯ 계속 멀리'하라는 명령에 순종하고 있는 것인가?(행 15:29). 비유를 든다면, 의사로부터 알코올을 삼가해야 한다는 말을 들은 사람을 생각해 보자. 만일 그가 알코올을 마시지는 않지만 정맥으로 직접 주입한다면 그 지시를 따르는 것인가?"(위의 책, p.406).

피를 입으로 먹는 것이나 정맥 주사로 투입하는 것은 같은 것이라는 말이다. 그래서 여호와의 증인들은 수혈하는 것을 죄악시하여 절대로 수혈을 하지 않는다.

환자의 치료를 목적으로 하는 수혈도 금한다.

여호와의 증인들은 치료를 목적으로 하는 수혈도 금하고 있다. 수혈 외에 다른 방법으로 치료를 하라고 권하고 있다.

> "종종 간단한 식염 용액 링게르액 및 텍스트란은 혈장 증량제로 사용될 수 있다. 그리고 그것들은 거의 모든 현대 병원에서 구할 수 있다. 사실상, 그러한 물질들을 사용하면 수혈에 따르는 위험을 피하게 된다. 「캐나다 마취의 협회지」(Canadian Anaesthetists' Society Journal, 1975년 1월호, 12면)는 다음과 같이 알려 준다. '수혈의 위험성 때문에 혈장 대용액 쪽이 유

리하다. 박테리아 혹은 바이러스 감염을 피할 수 있고 수혈 부작용과 RH 과민 반응을 겪지 않는다.' 여호와의 증인은 피가 아닌 혈장 증량제의 사용에 대해서는 종교적 이의가 없다. 여호와의 증인은 수혈을 하지 않기 때문에 사실상 더 나은 치료법을 사용하여 유익을 얻고 있다."(위의 책, p.406).

여호와의 증인들은 치료를 목적으로 하는 수혈도 금하고 수술을 위한 수술도 금하고 있다. 수술 시에도 수혈 외에 다른 방법을 사용하라고 권하고 있다. "모든 종류의 수술을 수혈 없이도 성공적으로 할 수 있다. 여기에는 심장수술, 뇌수술, 수족 절단수술, 암이 번진 기관 전체를 제거하는 수술이 포함된다. 「뉴욕주 의학지」(New York State Journal of Medicine, 1972년 10월 15일, 2527면)에 기고하면서 필립 로엔 박사는 이와 같이 말했다. "수혈을 할 수 없음에도 불구하고 우리는 주저하지 않고 모든 수술을 어느 것이나 행했다."(위의 책, p.407). 모든 종류의 수술에 여호와의 증인은 수혈을 금한다. 수혈이 아닌 다른 방법으로 해야 한다고 강조한다.

죽는다고 해도 수혈하지 않는다.

여호와의 증인들은 생명이 위험해도 절대로 수혈을 하지 않는다. 수혈을 범죄로 알고 있기 때문이다. 실제로 수혈을 거부하여 생명을 잃는 사람들도 있다. 여호와의 증인의 이러한 수혈 금지 주장을 확인해 보자.

"'수혈하지 않으면 죽는다.'라고 의사가 말한다면, 어떻게 할 것인가? 이렇게 응답할 수 있다. '상황이 과연 그 정도로 심각하다면, 환자가 수혈하면 죽지 않을 것이라고 의사가 보증할 수 있을까요?' 그런 다음에 이렇게 부언할 수 있다. '그러나 사람에게 생명을 다시 줄 수 있는 분이 계십니다. 바로 그분은 하느님이십니다. 사람이 죽음에 맞섰을 때, 하느님의 법을 범함으로 그분을 등진다면 그것은 어리석은 결정이라고 생각하지 않습니까? 저는 진정으로 하느님을 믿습니다. 하느님을 그렇게 믿으시는지요? 그분의 말씀은 그분의 아들에게 믿음을 두는 자들에게 부활을 약속합니다. 그것을 믿으십니까?(요한 11:25). '"(위의 책, p.409).

2. 식물론 반증

1) 피 먹지 말라는 율법은 폐지되었다.

구약의 식물 규정은 폐지되었다.

구약성경은 많은 식물 금지의 율법들이 있었다. 구약 성경에서 금지한 음식을 보면 첫째는 부정하고 가증한 음식 문제이다. "이스라엘 자손에게 말하여 이르라 육지의 모든 짐승 중 너희가 먹을 만한 생물은 이러하니 모든 짐승 중 굽이 갈라져 쪽발이 되고 새김질하는 것은 너희가 먹되 새김질하는 것이나 굽이 갈라진 짐승 중에도 너희가 먹지 못할 것은 이러하니 낙타는 새김질은 하되 굽이 갈라지지 아니하였으므로 너희에게 부정하고"(레 11:2-4). 부정하고 가증한 음식들은 육지의 짐승뿐 아니라 새, 물고기, 심지어 곤충까지 해당되었다(레 11:2-47). 그리고 특히 피와 기름을 금지했다. "너희는 기름과 피를 먹지 말라 이는 너희의 모든 처소에서 너희 대대로 지킬 영원한 규례니라"(레 3:17).

　이러한 구약의 식물에 대한 규례들이 포함된 모든 구약의 율법들은 예수님의 십자가에서 폐지되었다. "그는 우리의 화평이신지라 둘로 하나를 만드사 원수 된 것 곧 중간에 막힌 담을 자기 육체로 허시고 법조문으로 된 계명의 율법을 폐하셨으니…"(엡 2:14-15). 본문에 폐했다고 한 '계명의 율법' 안에 식물을 금지한 모든 법들도 다 폐지된 것이 분명하다.

　그래서 바울은 "그러므로 먹고 마시는 것과 절기나 초하루나 안식일을 이유로 누구든지 너희를 비판하지 못하게 하라"(골 2:16)라고 했다. 분명히 '먹고 마시는 것'을 말씀하고 있다. 구약의 식물 규정이 십자가에서 폐지된 것을 말씀한 것이다. 부정하고 정한 것, 기름과 피 등 모든 식물 규정은 십자가에서 폐지된 것이다.

피에 대한 것은 폐지되지 않았는가?

　구약성경에 여러 가지 식물 금지 규정들은 다 폐지되었다. 그러나 신약에 와서도 구약의 음식물 금지 규정을 지켜야 한다고 주장하는 이단들이 있다. 대표적인 이단들이 안식교와 여호와의 증인들이다. 여호와의 증인들은 특히 피에 대한 율법이 폐지되지 않았다고 강력하게 주장을 한다. 구약성경에 피를 먹지 말라고 금지할 때 함께 금지한 음식물이 있다. "너희는 기름과 피를 먹지 말라 이는 너희의 모든 처소에서 너희 대대로 지킬 영원한 규례니라"(레 3:17). '피'와 동시에 '기름'을 금지시키고, '대대로 지킬 영원한 규례'라고 강조했다.

　그러면 여호와의 증인들은 기름을 먹지 않고 있는가? 여호와의 증인들은 피는 금지하고 있지만 '기름'은 금지하지 않고 먹고 있다. 여호와의 증인들에게 기름을 먹느냐고 물어보면 먹는다고 대답할 것이다. 왜 구약에서 금지한 기름을 먹고 있느냐고 물으면 폐지된 법이기 때문에 먹어도 괜찮다고 대답한다. 성경은 '기름과 피'를 다 금지했는데 여호와의 증인은 피만 금지한다. 이는 성경과 맞지 않다. '기름과 피'의 규정이 폐지되었기 때문에 피를 금지하는 법도 폐지된 것이다. 만일 구약의 성경의 기록에 따라 피를 금한다면 피와 함께 언급된 기름도 금해야 할 것이다.

제사 제도가 폐지되면서 피를 금지하는 규정이 폐지되었다.

구약성경에서 피를 금지했던 이유는 피에 생명이 있다고 보았기 때문이다. "모든 생물은 그 피가 생명과 일체라 그러므로 내가 이스라엘 자손에게 이르기를 너희는 어떤 육체의 피든지 먹지 말라 하였나니 모든 육체의 생명은 그것의 피인즉 그 피를 먹는 모든 자는 끊어지리라"(레 17:14). 생명이 피에 있으므로 죄를 지어 죽을 사람이 생명으로 속죄를 하게 되는 것이 제사이다. 그래서 속죄제에는 반드시 피를 흘려야 한다. 피로 제사를 드려 속죄하는 제사 제도가 있었기에 피를 먹지 말라고 한 것이다. "육체의 생명은 피에 있음이라 내가 이 피를 너희에게 주어 제단에 뿌려 너희의 생명을 위하여 속죄하게 하였나니 생명이 피에 있으므로 피가 죄를 속하느니라"(레 17:11).

구약에서 제사를 드릴 때 중요한 제물이 되는 것은 두 가지였다. 첫 번째는 동물의 피로 제사를 드렸다. 죄를 속죄하는 희생의 제사는 반드시 피로 드려야 했다. 두 번째는 동물의 기름으로 제사를 드렸다. 동물의 몸에서 모든 기름을 취하여 드리는 제사가 바로 화목제이다. "그는 또 그 화목제의 제물 중에서 여호와께 화제를 드릴지니 곧 내장에 덮인 기름과 내장에 붙은 모든 기름과 두 콩팥과 그 위의 기름 곧 허리 쪽에 있는 것과 간에 덮인 꺼풀을 콩팥과 함께 떼어낼 것이요 아론의 자손은 그것을 제단 위의 불 위에 있는 나무 위의 번제물 위에서 사를지니 이는 화제라 여호와께 향기로운 냄새니라"(레 3:3-5). 이렇게 피와 기름으로 제사를 드리기 때문에 피와 기름을 식용으로 하지 않도록 금지한 것이다. "너희는 기름과 피를 먹지 말라 이는 너희의 모든 처소에서 너희 대대로 지킬 영원한 규례니라"(레3:17).

구약의 동물의 피와 기름으로 드려지던 제사는 예수님의 십자가로 폐지되었다. "이것들을 사하셨은즉 다시 죄를 위하여 제사드릴 것이 없느니라"(히 10:18). 구약의 제사가 끝났으므로 제사 제도의 규정이었던 '기름과 피' 먹는 문제도 같이 끝난 것이다. 신약 시대인 지금은 피 식용금지 규정에 매일 필요가 없다.

2) 신약에서의 음식물 교리

사도행전의 피 문제

"우상의 제물과 피와 목매어 죽인 것과 음행을 멀리 할지니라 이에 스스로 삼가면 잘되리라 평안함을 원하노라 하였더라"(행 15:29). 여호와의 증인들은 이 구절을 인용하여 신약의 그리스도인들에게도 피를 금하라고 명령했다고 주장한다. 이 말씀을 근거로 피를 먹는 것은 죄라고 하는 것이다. 이 구절이 초대 교회에서 피를 금하는 증거가 될 수 있는가? 먼저 이 본문은 그리스도인에게 주는 명령이 아니라는 것을 알아야 한다. "그러므로 내 의견에는 이방인 중에서 하나님께로 돌아오는 자들을 괴롭게 말고 다만 우상의 더러운 것과 음행과 목매어 죽인 것과 피를 멀리하라고 편지하는 것이 옳으니"(행 15:19-20). 이 내용은 사도 야고보의 '의견'이었다. 이 본문에 우상의 제물이 나온다.

그러면 초대교회 성도들에게 우상의 제물을 먹지 말라는 명령이 주어졌는가? 아니다. 우상의 제물은 신앙에 따라서 먹을 수 있다고 했다(고전 8:1-10). 그래서 이 본문은 사도들의 작정한 일시적인 규례였다는 것을 알수 있다. 왜 사도들은 이러한 내용의 편지를 이방인의 교회에 보냈는가?

사도 바울이 이방인에게 복음을 전하고 예루살렘에 와서 선교 보고를 하게 되었다. "바울이 문안하고 하나님이 자기의 사역으로 말미암아 이방 가운데서 하신 일을 낱낱이 말하니 그들이 듣고 하나님께 영광을 돌리고 바울더러 이르되 형제여 그대도 보는 바에 유대인 중에 믿는 자 수만 명이 있으니 다 율법에 열성을 가진 자라"(행 21:19-20). 사도 야고보가 바울의 보고를 듣고 유대인 중에 믿는 자가 수만 명이 되는데 율법에 열성을 가진 자들이기 때문에 이방인 중에 믿는 성도들을 받아들이기가 어려운 상황이 되었다고 했다. 그래서 유대인 중에 믿는 성도와 이방인 중에 믿는 성도가 교제되기 위해 야고보의 의견이 나온 것이다.

"그러면 어찌할꼬 그들이 필연 그대가 온 것을 들으리니 우리가 말하는 이대로 하라 서원한 네 사람이 우리에게 있으니 그들을 데리고 함께 결례를 행하고 그들을 위하여 비용을 내어 머리를 깎게 하라 그러면 모든 사람이 그대에 대하여 들은 것이 사실이 아니고 그대도 율법을 지켜 행하는 줄로 알 것이라 주를 믿는 이방인에게는 우리가 우상의 제물과 피와 목매어 죽인 것과 음행을 피할 것을 결의하고 편지하였느니라 하니"(행 21:22-25). 바울은 야고보의 의견대로 같이 데리고 온 사람들과 함께 구약의 결례를 행하여 유대인 신자들과 교제하려고 한 것이다. 그래서 이방인 중에 믿는 성도들에게 구약 율법인 우상의 제물과 피를 멀리하라고 편지한 것이다.

사도행전에 피를 금한 것은 하나님의 명령이 아니고 야고보의 의견이었다. 유대인 성도와 이방인 성도들이 교제할 수 있도록 하기 위해 이방인 성도들이 율법의 일부분을 일시적으로 행하게 한 것이다. 이것은 신약의 그리스도인이 지켜야 할 율법이 아니었다. 바울이 데리고 온 사람들에게 구약의 결례를 행하였으니 오늘의 그리스도인이 따라야 하는 것이 아니다. 그래서 피를 먹는 것을 범죄로 규정하는 여호와의 증인의 해석은 잘못된 것이다.

신약에서 음식물 교리는 이단 교리이다.

성경에는 이단이 많이 나올 것이 예언되었다. 이단들 중에 음식을 금지시키는 이단이 있을 것이 예언되었다. "그러나 성령이 밝히 말씀하시기를 후일에 어떤 사람들이 믿음에서 떠나 미혹하는 영과 귀신의 가르침을 따르리라 하셨으니 자기 양심이 화인을 맞아서 외식함으로 거짓말하는 자들이라 혼인을 금하고 어떤 음식물은 먹지 말라고 할 터이나 음식물은 하나님이 지으신 바니 믿는 자들과 진리를 아는 자들이 감사함으로 받을 것이니라"(딤전 4:1-4). 본문에 이단을 소개할 때 '음식물을 먹지 말라'고 한다고 했다. 이단의 교리 가운데 음식물을 먹지 말라고 하는 교리가 있을 것이 예언된 것이다. 이 부분은 여호와의 증인과 안식교에 해당된다고 할 수 있다.

음식물에 대한 교리는 이단 교리이다. "여러 가지 다른 교훈에 끌리지 말라 마음은 은혜로써 굳게 함이 아름답고 음식으로써 할 것이 아니니 음식으로 말미암아 행한 자는 유익을 얻지 못하였느니라"(히 13:9). 이 본문에서는 이단을 '다른 교훈'이라고 했다. 음식물에 대한 것은 '다른 교훈' 즉 이단에 속한 교리라고 한 것이다. 여호와의 증인의 피 식용금지 교리는 이단교리가 분명하다.

3) 수혈금지 반증

여호와의 증인의 수혈금지

여호와의 증인은 생명의 위험을 감수하고 수혈을 금한다. 정맥주사로 수혈하는 것도 피를 먹는 것과 같은 행위로 보기 때문이다. 생명을 잃는다 해도 하나님의 말씀을 어길 수 없다는 것이다. 여호와의 증인들은 이렇게 철저히 피를 금하고 있다. 그러면 여호와의 증인들이 실제로 구약성경의 말씀대로 피를 금하고 있는가? 필자는 여호와의 증인과 상담을 통하여 여호와의 증인들이 실제로는 피를 금하지 않고 있다는 것을 발견했다. 구약성경에서 피를 먹지 말라고 할 때 고기에 들어있는 피도 금지했다. 고기를 먹을 때 피째 먹으면 안 된다. "그러나 고기를 그 생명 되는 피째 먹지 말 것이니라"(창 9:4). 그래서 이스라엘 백성들은 고기를 먹을 때 피를 빼고 먹는다. 여호와의 증인의 교리서에도 피를 제거하고 먹게 되어 있다.

> "창세기 9:3, 4; '살아 움직이는 모든 동물이 너희를 위한 양식이 될 것이다. 푸른 초목처럼 내가 정녕 그 모든 것을 너희에게 준다. 다만 고기를 그 영혼-그 피 있는 채로 먹어서는 된다.' 식품으로 사용되는 동물은 어느

것이나 적절히 피를 빼야 한다. 목매어 죽인 동물이나 덫에 걸려 죽은 동물이나 죽은 후에 발견된 동물은 식품으로 적합하지 않다(행 15:19, 20; 비교. 레위 17:13-16). 마찬가지로, 전혈이나 어떤 혈액 성분이 첨가된 식품은 무엇이든 먹어서는 안 된다."(워치타워 성서책자협회, 《성경을 사용하여 추리함》, p.404).

피를 뺀 고기를 먹으려면 식당에서 고기를 먹어서는 안 된다. 식당에서 파는 모든 고기는 피를 빼지 않은 고기이다. 필자가 여호와의 증인 신도와 상담을 할 때 같이 식당에서 식사를 하게 되었다. 식당에서 여호와의 증인의 신도는 거리낌 없이 고기를 먹는 것을 보았다. 왜 피를 빼지 않은 고기를 먹느냐고 물었더니 모든 여호와의 증인의 신도들이 식당에서는 고기를 상관없이 먹는다고 했다. 그래서 필자가 피를 먹지 않으려면 구약성경에 기록된 것처럼 고기를 피째 먹으면 안 된다고 가르쳐 주었더니 여호와의 증인 신도는 충격을 받고 즉시 여호와의 증인 회관에 가서 알아보겠다고 했다. 여호와의 증인 신도가 회관에 가서 물어보았더니 익은 고기는 괜찮다고 했다는 것이다.

고기를 익혀 먹는다고 하여 피가 빠지는 것이 아니다. 그렇다면 피를 익혀서 만든 순대나 선지국도 먹을 수 있다는 말이 된다. 여호와의 증인들은 목숨 걸고 수혈은 하지 않으면서 식당에서 피가 들어 있는 고기를 먹고 있다. 여호와의 증인들의 수혈 금지는 이율배반이다.

치료 목적의 수혈도 금해야 하는가?

여호와의 증인들은 치료 목적의 수혈도 금한다. 생명이 위독한 수술의 경우도 수혈을 거부한다. 구약의 피를 금하는 계율을 지금도 지켜야 한다는 잘못된 교리 때문이다. 여호와의 증인의 이러한 교리가 맞는 것이라고 하여도 치료 목적으로 사용되는 것은 허용되어야 한다. 성경은 신약성경 여러 곳에서 술을 금하고 있다. "술 취하지 말라 이는 방탕한 것이니 오직 성령으로 충만함을 받으라"(엡 5:18).

그러나 치료 목적으로, 약용으로 쓰이는 것은 허용하고 있다. 당시에 술은 약용으로 많이 사용되고 있었다. 그래서 '술 취하지 말라'고 한 것이다. 술을 약용으로 사용할 수는 있지만 취하기 위해서는 마시지 말라는 것이다. 바울은 디모데에게 "이제부터는 물만 마시지 말고 네 위장과 자주 나는 병을 위하여는 포도주를 조금씩 쓰라"(딤전 5:23)고 권한 바 있다. 신약에서도 금했던 술도 치료 목적으로는 허용되었는데, 구약의 계율 때문에 수혈을 거부하는 것은 맞지 않는 일이다.

제9장

시한부 종말론

1. 여호와의 증인의 주장

1) 예수님의 재림의 날짜

여호와의 증인의 창설자 럿셀은 24세 때 "그리스도는 지금으로부터 2년 전인 1874년에 재림하였다. 그러나 그것은 육체로서가 아닌 영체로 재림하였으므로 영안이 열리지 않은 일반인들에게는 보이지 않는다."고 발표하였다. 그리고 나서 6년 후 1882년에 그의 《성경연구》지상에서, 늦어도 "1915년까지는 일반적 그리스도교 나라는 멸망하고 여호와의 증인들에 의한 하나님의 나라가 완성된다."고 또 발표를 하였다. 그러나 1915년이 되어도 하나님의 나라는 완성되지 않아 다음해 1916년 럿셀은 실망 끝에 세상을 떠나버렸다(森山 論. 도서출판 대망사, 《여호와의 증인의 오류》, p.52). 그 후계자였던 러더포드는 여러 번 종말을 예언하였다가 실패하였다. 그 후 1914년에 1차 세계대전이 일어나자 1914년에 예수님이 재림하셨다고 재림의 날짜를 변경하였다. "럿셀은 1874년에 예수님이 재림한다고 발표했으나 그 후에 그 일자를 1914년으로 변경하였다."(프릿츠 리데나워. 생명의말씀사, 《무엇이 다른가?》, p.163). 그리하여 지금의 모든 여호와의 증인들은 1914년에 예수님이 재림하셨다고 가르치고 있다.

2) 변경되는 종말의 날짜

여호와의 증인의 세상 종말은 예수님이 1914년에 재림하셔서 만드신 왕국(여호와의 증인의 왕국)이 아마겟돈 전쟁으로 세상의 모든 정부들을 없애 버리고 여호와의 증인의 왕국인 하나님의 나라가 완성되는 것이라고 한다. 여호와의 증인이 말하는 이러한 종말은 예수님이 재림했다는 1914년 후 백년이 지났어도 이루어지지 않고 있다.

여호와의 증인들은 종말의 날짜를 여러 번 변경하였다. 여호와의 증인의 창시자 럿셀은 1882년에는 "늦어도 1915년까지는 일반적 그리스도교 나라는 멸망하고 여호와의 증인들에 의한 하나님의 나라가 완성된다."라고 발표하였다. 그러나 1915년이 되어도 하나님 나라는 완성되지 않자 다음해 1916년 럿셀은 실망 끝에 세상을 떠나버렸다. 그 후계자 러더포드는 1921년에 "수년 내에 세계는 멸망한다."라고 발표했지만 그 예언도 맞지 않았다. 그러나 그 후 1914년에 제1차 세계대전이 일어나자 세계는 환란 시대에 접어들었다고 단언하고 다니엘 4장의 느부갓네살 왕의 일곱 때를 2520년으로 해석하여 1913년까지 이방인의 때가 찼으므로 여호와의 증인의 수가 14만 4천명이 차면 그리스도교는 멸망하고 여호와의 증인들이 세계를 통치하게 된다고 발표를 하였다.

그 후에 1969년 일본 동경 여호와의 증인 대회에서 1970년대 중반에 세계는 끝이 난다고 단언하였다. 그러나 또다시 아담 이후에 1975년 10월이 지구의 역사가 만 6천년이 됨으로 세계는 그것으로 끝난다고 선전하기도 하였다(森山 論. 도서출판 대망사, 《여호와의 증인의 오류》, p.52).

3) 변경된 14만 4천인 교리

여호와의 증인들의 14만 4천인 교리는 변경되었다. 처음 여호와의 증인
은 14만 4천이 구원받는 숫자라고 주장하였다. 여호와의 증인의 대표였
던 러더포드는 "기원전 607년부터 1913년까지로 이방인의 때가 끝이 났
으므로 우리들 여호와의 증인 14만 4천인의 수가 차면 세상의 정부와 그
리스도의 교회는 멸망하고 우리들이 세계를 통치한다."고 발표하였다(森
山 論. 도서출판 대망사, 《여호와의 증인의 오류》, p.52). 그러나 여호와의 증인의 수
가 14만 4천인을 초과하여도 종말이 오지 않자 여호와의 증인들은 이 교
리를 수정할 수밖에 없었다. 그래서 여호와의 증인들은 14만 4천인과 큰
무리를 나누게 되고 14만 4천인 외에 신도들에 대하여는 "이 우리에 들지
않는 다른 양들"(요 10:16)이라는 교리를 만들고 14만 4천인들을 천적 반
열, 그 외의 신도들을 지적 반열이라고 주장하게 된 것이다.

2. 시한부 종말론 반증

1) 재림의 날짜 반증

변경되는 것은 진리가 아니다.

여호와의 증인들은 재림의 날짜를 변경하였다. 처음에는 1874년에 재

림하였다고 발표하였다가 40년이 지난 후 1914년에 예수님이 재림하였다고 변경하였다. 재림의 날짜를 계산하는 데 착오가 있었던 것이다. 교리가 변경되고 수정되는 것은 진리가 아니다. 불변한 것만이 진리가 될 수 있다. 교리가 수정되었다는 것은 여호와의 증인이 주장하는 교리는 진리가 아니라는 증거이다. 변경되는 것은 진리가 될 수 없다. 언제 또 변경될지 알 수 없기 때문이다. 여호와의 증인의 교리는 재림의 날짜 외에도 수정된 부분들이 많다. 이로 보아 여호와의 증인들의 교리는 비 진리이며 거짓 교리이다.

여호와의 증인 신도들은 40년 동안 속았다.

초기의 여호와의 증인들은 1874년에 재림하셨다고 믿고 있었다. 40년 동안 모든 신도들이 1874년에 재림하셨다고 믿고 있었다. 그러나 1914년에 세계대전이 일어나자 여호와의 증인은 재림의 날짜를 변경하여 1914년에 재림하셨다고 발표하였다. 그리고 현재 모든 여호와의 증인들은 1914년에 예수님이 재림하셨다고 믿고 있다. 만일 1914년에 재림하신 것이 맞는다고 가정한다면 1914년 이전의 여호와의 증인들은 재림하시지도 않은 예수님을 1874년에 재림하셨다고 믿고 있었던 것이다. 여호와의 증인 모든 신도들은 40년 동안 속은 것이다. 여호와의 증인들은 자신들도 속은 상태에서 사람들에게 1874년에 예수님이 재림하셨다고 40년 동안 증거하였다. 여호와의 증인은 거짓된 것을 믿고 40년 동안이나 거짓을 전도한 것이다. 40년 동안 거짓을 전파한 여호와의 증인은 지금도 거짓을 전파하고 있는 것이다. 예수님은 1874년에 재림하시지 않았고 1914년에도 재림하시지 않았다. 여호와의 증인은 예나 지금이나 거짓된 교리를 사람들에게 증거하고 있는 것이다.

2) 변경되는 종말의 날짜 반증

종말의 시한을 정하는 것은 비 성경적이다.

성경은 종말의 날과 시를 사람이 알 수 없다고 말씀하고 있다. 종말의 날을 아시는 분은 하나님 밖에 없다고 하였다. "이르시되 때와 시기는 아버지께서 자기의 권한에 두셨으니 너희가 알 바 아니요"(행 1:7). 때와 시기는 아버지께서 자기의 권한에 두셨다고 하였다. 여호와의 증인이 종말의 날을 예언한 것 자체가 성경에 맞지 않는 것이다. "그러나 그 날과 그 때는 아무도 모르나니 하늘에 있는 천사들도, 아들도 모르고 아버지만 아시느니라"(막 13:32). 하나님만 아신다고 하는 종말의 날을 여호와의 증인은 여러 번 종말의 날을 선포하였다. 비 성경적인 여호와의 증인의 예언이었다. 이는 여호와의 증인이 성경에 맞지 않는 이단이라는 것을 확실하게 보여주는 부분이다.

여호와의 증인은 거짓 선지자이다.

여호와의 증인들이 종말의 날을 선포한 것은 종말의 날짜를 예언한 것이다. 예언은 미래의 일을 미리 말하는 것을 말한다. 성경은 사람들이 예언을 했을 때 예언자들의 예언은 시험해보아서 거짓 선지자인지 확인해보라고 말씀하였다. "네가 마음속으로 이르기를 그 말이 여호와께서 이르신 말씀인지 우리가 어떻게 알리요 하리라 만일 선지자가 있어 여호와의 이름으로 말한 일에 증험도 없고 성취함도 없으면 이는 여호와께서 말씀하신 것이 아니요 그 선지자가 제 마음대로 한 말이니 너는 그를 두려워하지 말지니라"(신 18:21~22). 선지자의 예언이 맞지 않으면 하나님께서 주신 말씀이 아니라는 것이다. 예언이 빗나가면 거짓 선지자인 것이다. 여호와의 증인은 여러 번 종말의 날짜를 예언하였으나 한 번도 맞은 적이 없다. 예언이 빗나갔다는 것은 여호와의 증인들이 거짓 선지자라는 증거이다. 여호와의 증인들의 예언이 빗나갔으므로 그들의 말이 하나님의 말씀이 아닌 것이 분명하다. 여호와의 증인의 교리는 거짓 교리이며 여호와의 증인은 거짓 선지자가 분명하다.

3) 변경된 14만 4천인 교리 반증

대부분의 이단 집단들에게는 14만 4천인 교리가 있다. 요한계시록에서 말하는 14만 4천인에 대한 교리이다. 이단들의 14만 4천인 교리는 신도의 숫자가 많아지면 바뀐다. 처음에는 14만 4천인이 구원받은 숫자라고 한다. 그래서 14만 4천의 숫자가 차면 역사가 마치고 종말이 온다는 교리로 시작한다. 그러나 시간이 지나면서 신도의 수가 14만 4천이 넘어가면 교리를 수정할 수밖에 없는 상황으로 가게 된다. 이때 이단들은 14만 4천인은 특별한 무리가 되고 14만 4천인 외에 큰 무리가 있다는 교리로 수정하는 것이다. 그리고 14만 4천인은 제사장이 되어 왕 노릇 하는 사람들이기 때문에 14만 4천인이 되려면 특별한 노력을 해야 한다고 가르쳐 신도들을 혹사시키는 교리로 사용한다.

여호와의 증인도 예외는 아니어서 다른 이단들과 같은 14만 4천인의 교리를 가르치고 있다. 여호와의 증인의 14만 4천인 교리는 수정되고 바뀌었다. 러더포드는 "기원전 607년부터 1913년까지로 이방인의 때가 끝이 났으므로 우리들 여호와의 증인 14만 4천인의 수가 차면 세상의 정부와 그리스도의 교회는 멸망하고 우리들이 세계를 통치한다."라고 발표한 바 있다. 여호와의 증인 초기에는 14만 4천 숫자가 차면 세상의 종말이 온다는 것이 여호와의 증인의 교리였다. 그러나 여호와의 증인의 신도수가 14만 4천이 넘어가도 종말이 오지 않자 교리를 수정할 수밖에 없게 된 것이다. 그래서 만들어진 교리가 14만 4천인과 큰 무리, 천적 반열과 지적 반열 등이다. 이러한 여호와의 증인의 교리는 진리가 아니다. 진리는 변하지 않는 것이 특징이다. 변하고 바뀌고 수정되는 것은 진리가 아니다. 상황에 따라서 바뀌고 시간이 지나면서 바뀌는 것은 비 진리이다. 여호와의 증인의 교리는 수정되고 바뀌는 교리이기 때문에 진리라고 할 수 없다.

제10장
호칭론
(여호와의 증인인가, 예수의 증인인가?)

1. 여호와의 증인의 주장

1) 성경에 있는 호칭이다.

여호와의 증인들은 '여호와의 증인'이라는 이름이 성경에 있는 이름이라고 하여 자랑스럽게 여기고 사용하고 있다. "나 여호와가 말하노라 너희는 나의 증인, 나의 종으로 택함을 입었나니 이는 너희가 나를 알고 믿으며 내가 그인 줄 깨닫게 하려 함이라 나의 전에 지음을 받은 신이 없었느니라 나의 후에도 없으리라 나 곧 나는 여호와라 나 외에 구원자가 없느니라 내가 알려 주었으며 구원하였으며 보였고 너희 중에 다른 신이 없었나니 그러므로 너희는 나의 증인이요 나는 하나님이니라 여호와의 말씀이니라"(사 43:10-12). 이 본문에서 '여호와의 증인'이라는 이름을 착안하였다. '너희는 나의 증인'이라는 말은 하나님께서 이스라엘 백성들을 '여호와의 증인'으로 세웠다는 것을 말한다는 것이다. 그래서 성경에 최초의 여호와의 증인은 아벨이며 지금까지 여호와의 증인이 이어져 왔다고 주장한다.

"성서에 의하면, 여호와의 증인의 계열은 충실한 아벨까지 소급한다. 히
브리 11:4~12:1은 이처럼 알려준다. '믿음으로, 아벨은 카인보다 더 큰
가치가 있는 희생을 하느님께 바쳤으며, … 믿음으로, 노아는 아직 보지
못한 일에 대하여 하느님의 경고를 받은 후에, 경건한 두려움을 나타내고
… 믿음으로 아브라함은 부르심을 받았을 때에 순종하여 상속 재산으로
서 받게 되어 있는 곳으로 떠났습니다. … 믿음으로, 모세는 성장하였을
때에 파라오의 딸의 아들이라고 불리기를 거절하고, 일시적인 죄의 즐거
움을 누리기보다는 오히려 하느님의 백성과 함께 학대받는 쪽을 택하였
습니다. … 그러므로 이렇게 구름같이 많은 증인들이 우리를 둘러싸고 있
으니 우리도 모든 무거운 것과 우리를 쉽게 얽매는 죄를 벗어버리고 우리
앞에 놓인 경주를 인내로써 달립시다."(워치타워, 《성경을 사용하여 추리함》,
p.255).

여호와의 증인들은 아벨로부터 이어져 왔으며 성경에 하나님께서 친히
여호와의 증인이라는 이름을 주셨다고 주장한다. 이렇게 성경적인 이름
인 '여호와의 증인'이라는 칭호를 자신들이 채택하여 사용한 것이라고 한
다.

"현대 여호와의 증인의 역사는 1870년대 초에 미국 펜실베이니아 주 앨러
게이니 시에서 하나의 성서 연구 집단이 구성됨으로 시작되었다. 처음에
는 단지 성경 연구생으로 알려졌지만 1931년에 그들은 여호와의 증인이
라는 성경적인 이름을 채택하였다(이사야 43:10-12). 그들의 믿음과 실천
은 새로운 것이 아니라 1세기 그리스도교의 회복이다(워치타워, 《성경을 사

용하여 추리함), p.256).

초대교회 성도들도 여호와의 증인이었는데 자신들이 1931년에 '여호와의 증인'이라는 이름을 채택함으로 초대교회의 신앙을 회복하였다는 것이다.

2) 예수님도 여호와의 증인이다.

신약성경에 그리스도인들을 '예수의 증인'이라고 되어 있는데, 왜 여호와의 증인들은 '여호와의 증인'이라고 하는가? 이 점에 대하여 여호와의 증인들은 예수님도 '여호와의 증인'이었기 때문이라고 말한다.

> "우리가 예수의 증인이 되어야 할 책임이 있다는 것은 옳은 말씀입니다. 그러한 이유로 하느님의 목적과 관련하여 예수께서 하시는 역할이 우리의 출판물에 강조되어 있습니다(이 점을 알려주는 서적이나 잡지를 사용할 수 있다). 그러나 새로운 견해라고 생각하실지 모르는 중요한 사실이 있습니다(계시 1:5). 예수는 누구의 '충실한 증인'이었다고 생각하십니까?(요한 5:43; 17:6). 예수는 우리가 따라야 할 본을 세우셨습니다. 그렇지 않습니까? … 예수뿐 아니라 그분의 아버지도 알아야 할 매우 중요한 이유는 무엇일까요?(요한 17:3)."(워치타워, 《성경을 사용하여 추리함》, p.261).

예수님을 충성된 증인이라고 하였으니 예수님도 여호와의 증인이었다고 하는 것이다. "또 충성된 증인으로 죽은 자들 가운데에서 먼저 나시고 땅의 임금들의 머리가 되신 예수 그리스도로 말미암아 은혜와 평강이 너희에게 있기를 원하노라 우리를 사랑하사 그의 피로 우리 죄에서 우리를 해방하시고"(계 1:5). 예수님도 충성된 여호와의 증인이었기 때문에 '여호와의 증인'이라고 호칭한다는 것이다.

3) 여호와 하나님을 증거하는 증인이다.

여호와의 증인은 성부 하나님만을 여호와 하나님이라고 주장한다. 성자와 성령은 여호와 하나님이 아니라고 한다.

> "우리는 여호와라는 이름이 성경에서 성부 외에 그 누구에게도 결코 적용되지 않는다는 것을 확신 있게 주장한다. … 이것을 결정적으로 증명하는 길은 신약 저자들이 구약에서 많이 인용한다는 데 있다. 그런데 신약 저자들이 구약으로부터 여호와라는 단어를 예수에게 적용해서 한 구절이라도 인용하는가? 우리는 그들이 그렇게 하지 않는다고 주장한다."(워치타워, 《하나님의 목적 속에서의 여호와의 증인》 1959판. p.22).

성부 하나님만을 여호와라고 주장하는 여호와의 증인은 하나님의 이름이 여호와임을 증거하며 여호와 하나님만이 하나님이신 것을 증거한다고 한다. 그래서 자신들의 호칭을 '여호와의 증인'이라고 한다는 것이다. 여호와의 증인들이 전도할 때 사람들을 만나서 서로 대화가 이루어지지 않고 헤어지게 되면 "하나님의 이름은 여호와이십니다"라고 한마디를 남기고 간다. 즉 여호와 하나님을 증거한다는 사명감을 가졌다는 말이다.

4) 여호와 하나님께만 예배한다.

여호와의 증인들은 성부 하나님께만 예배할 것을 강조한다. 성자, 성령님은 여호와 하나님이 아니기 때문에 예배해서는 안 된다는 것이다. 여호와 하나님이 아닌 예수님과 성령님께 예배하는 모든 개신교는 잘못된 예배를 하고 있다고 비판한다.

> "참 종교를 믿는 사람들은 오직 여호와만을 숭배하며 그분의 이름을 널리 알립니다. 예수께서는 이처럼 단언하셨습니다. "너의 하느님 여호와를 숭배해야 하고, 오직 그분에게만 신성한 봉사를 드려야 한다"(마태 4:10). 따라서 하느님의 종들은 오로지 여호와만을 숭배합니다. 여호와를 숭배하는 것에는 사람들에게 참 하느님의 이름이 무엇이고 그분이 어떤 분이신지 알리는 일도 포함됩니다. 시편 83:18에서는 '그 이름이 여호와이신 당신, 당신만이 홀로 온 땅을 다스리는 가장 높으신 분'이라고 말합니다. 예수께서는 다른 사람들이 하느님을 알도록 돕는 일에서도 본을 보이셨습니다. 그분이 기도하시면서 '저는 당신이 세상에서 대하여 저에게 주신 사람들에게 당신의 이름을 나타냈습니다'라고 하신 바와 같습니다(요한 17:6). 그와 마찬가지로 오늘날 참 숭배자들도 사람들에게 하느님의 이름과 목적과 특성들에 관해 가르칩니다."(워치타워. 《성서는 실제로 무엇을 가르치는가?》. p.148).

여호와의 증인은 성부 하나님인 여호와 하나님만을 예배하며 사람들에게 하나님의 이름과 특성에 대하여 가르치는 사람들이기 때문에 '여호와의 증인'이라고 호칭한다는 것이다.

2. 호칭론 반증(여호와의 증인인가? 예수의 증인인가?)

1) 성경에 없는 호칭이다.

구약의 호칭

성경에 '여호와의 증인'이라는 호칭은 없다. 구약에도 '이스라엘'이라는 호칭으로 '이스라엘 백성'이라고 했지 한 번도 '여호와의 증인'이라는 호칭을 사용한 적이 없다. "여호와의 언약궤를 멘 제사장들은 요단 가운데 마른 땅에 굳게 섰고 그 모든 백성이 요단을 건너기를 마칠 때까지 모든 이스라엘은 그 마른 땅으로 건너갔더라"(수 3:17). 신약성경에도 구약의 성도들을 '이스라엘 백성'이라고 하였다. "하나님이 아브라함에게 약속하신 때가 가까우매 이스라엘 백성이 애굽에서 번성하여 많아졌더니"(행 7:17). 구약성경에서 하나님의 백성들의 호칭은 '이스라엘 백성'이었다. '여호와의 증인'이라는 호칭은 사용된 적이 없다. 여호와의 증인들이 주장하는 이사야 43장 12절은 '여호와의 증인'이라는 호칭을 말하는 것이 아니다. "내가 알려 주었으며 구원하였으며 보였고 너희 중에 다른 신이 없었나니 그러므로 너희는 나의 증인이요 나는 하나님이니라 여호와의 말씀이니라"의 말씀에서 '너희는 나의 증인'이라는 말은 이스라엘 백성에게 하나님의 구원의 역사를 증거하는 증인이 되라는 말이지 호칭을 '여호와의 증인'이라고 하라는 말씀이 아니다. 이 말씀이 있은 후에도 이스라엘 백성을 '여호와의 증인'이라고 호칭하지 않았다. 따라서 오늘날의 '여호와의 증인'으로 호칭하는 이 단체는 구약의 하나님의 백성인 이스라엘 백성들과 아무 상관없는 사람들이다.

신약의 호칭

신약성경에서도 '여호와의 증인'이라는 호칭은 없다. 신약성경을 다 읽어 보아도 '여호와의 증인'이라는 호칭은 나오지 않는다. 초대교회 시대에 '여호와의 증인'은 없었기 때문이다. 그렇다면 신약시대에 하나님의 백성의 호칭은 무엇이었는가? 신약 시대의 하나님의 백성의 호칭은 몇 가지가 있었다. 신약에서 하나님의 백성의 첫 번째 호칭은 '성도'였다. "고린도에 있는 하나님의 교회 곧 그리스도 예수 안에서 거룩하여지고 성도라 부르심을 입은 자들과 또 각처에서 우리의 주 곧 그들과 우리의 주 되신 예수 그리스도의 이름을 부르는 모든 자들에게"(고전 1:2). 예수님의 보혈로 죄 사함 받고 구원받은 하나님의 백성을 '성도'라고 호칭한 것이다.

초대교회에서 성도들의 두 번째 호칭은 '그리스도인'이었다. 초대교회 성도들은 예수 그리스도를 증거하는 사람들이었기 때문이다. 그래서 초대교회 당시 사람들이 성도들을 '그리스도인'이라고 불렀다. "만나매 안디옥에 데리고 와서 둘이 교회에 일 년간 모여 있어 큰 무리를 가르쳤고 제자들이 안디옥에서 비로소 그리스도인이라 일컬음을 받게 되었더라"(행 11:26). 이때부터 사람들은 초대교회 성도들을 '그리스도인'이라고 불렀다. "아그립바가 바울에게 이르되 네가 적은 말로 나를 권하여 그리스도인이 되게 하려 하는도다"(행 26:28). 성도들도 '그리스도인'임을 자랑스럽게 생각하였다. "만일 그리스도인으로 고난을 받으면 부끄러워하지 말고 도리어 그 이름으로 하나님께 영광을 돌리라"(벧전 4:16). 초대교회 시대에 이단 '여호와의 증인'은 없었기 때문에 '여호와의 증인'이라는 호칭이 신약성경에 없는 것이다.

2) 예수의 증인

예수님은 제자들에게 '예수의 증인'이 되라고 하셨다. "오직 성령이 너희에게 임하시면 너희가 권능을 받고 예루살렘과 온 유대와 사마리아와 땅 끝까지 이르러 내 증인이 되리라 하시니라"(행 1:8). 이러한 명령을 받은 제자들은 예수님을 증거하는 '예수의 증인'들이 되었다. "사도들이 큰 권능으로 주 예수의 부활을 증언하니 무리가 큰 은혜를 받아"(행 4:33), "실라와 디모데가 마게도냐로부터 내려오매 바울이 하나님의 말씀에 붙잡혀 유대인들에게 예수는 그리스도라 밝히 증언하니"(행 18:5), "이는 성경으로써 예수는 그리스도라고 증언하여 공중 앞에서 힘있게 유대인의 말을 이김이러라"(행 18:28). 초대교회 사도들과 성도들은 오직 예수 그리스도를 증언하는 '예수의 증인'들이었다. 신약의 성도들은 '여호와의 증인'이 아니라 '예수의 증인'들이다. 마지막 때의 예언서인 계시록에도 성도들을 '예수의 증인'으로 호칭하고 있다. "또 내가 보매 이 여자가 성도들의 피와 예수의 증인들의 피에 취한지라 내가 그 여자를 보고 놀랍게 여기고 크게 놀랍게 여기니"(계 17:6). 신약의 하나님의 백성의 호칭은 '여호와의 증인'이 아니라 '예수의 증인'이다.

3) 예수님께도 예배한다.

여호와의 증인들은 예수님은 피조물이기 때문에 예배할 수 없고 성부 하나님께만 예배해야 한다고 주장한다. 자신들은 성부 하나님이신 여호와 하나님에게만 예배한다는 것을 증거하는 사람들이기 때문에 '여호와의 증인'이라고 호칭한다는 것이다. 여호와의 증인의 성부 하나님만이 여호와 하나님이시기 때문에 성부 하나님께만 예배한다는 주장은 성경에 맞지 않다. 성경에는 성부 하나님과 성자 하나님이신 예수님께도 예배하고 있음을 기록하고 있다. 성경은 예수님이 예배(경배)받으실 분임을 증거하고 있는 것이다. "큰 음성으로 이르되 죽임을 당하신 어린 양은 능력과 부와 지혜와 힘과 존귀와 영광과 찬송을 받으시기에 합당 하도다 하더라 내가 또 들으니 하늘 위에와 땅 위에와 땅 아래와 바다 위에와 또 그 가운데 모든 피조물이 이르되 보좌에 앉으신 이와 어린 양에게 찬송과 존귀와 영광과 권능을 세세토록 돌릴지어다 하니 네 생물이 이르되 아멘 하고 장로들은 엎드려 경배하더라"(계 5:12-14). 죽임을 당하신 어린 양이 찬송을 받으시기에 '합당하도다'고 하였다. 예수님이 여호와 하나님이시기 때문에 예배를 받으시기에 합당한 것이다. 여호와 하나님만이 예배를 받으실 수 있기 때문이다. 요한계시록은 예수님을 예배 받으실 하나님이라고 증거하고 있는 것이다. 이 본문에는 성부 하나님과 어린 양이신 예수님께서 함께 경배(예배)를 받으시고 계신다. 예수님은 성부 하나님과 함께 경배 받으실 하나님이시다.

4) 조작된 호칭이다.

'여호와의 증인'이라는 호칭은 성경에 있는 것도 아니고 하나님의 백성들에게 불렸던 호칭도 아니다. 여호와의 증인들이 만들어낸 조작품이다. 여호와의 증인들도 처음부터 이 호칭을 사용한 것이 아니다. 여러 번 이름이 바뀌다가 '여호와의 증인'으로 정한 것이다. '여호와의 증인'이라는 공식 명칭은 1931년 오하이오(Ohio)주 컬럼버스(Columbus)대 봉사회에서 여호와의 증인들이 작명한 것이다. 여호와의 증인이라는 공식 명칭이 있기 전에는 럿셀파(Russelites), 천년기 새벽파(Millennial Dawnites), 러더포드파(Rutherfordites) 등의 이름이 있었다. '여호와의 증인'이라는 이름은 이사야 43장 10절 "나 여호와가 말하노라 너희는 나의 증인, 나의 종으로 택함을 입었나니 이는 너희가 나를 알고 믿으며 내가 그인 줄 깨닫게 하려 함이라 나의 전에 지음을 받은 신이 없었느니라 나의 후에도 없으리라"는 이 구절을 근거로 만든 것이다(워치타워, 《하나님은 참되시다 할지어다》, p.221). '여호와의 증인'이라는 호칭이 성경에 있었고 초대교회 성도들도 그렇게 불렀다면 이 단체가 처음부터 이 호칭을 사용하였어야 한다. 그러나 처음에는 럿셀파, 천년기 새벽파 등으로 불리다가 나중에 가서 '여호와의 증인'이라는 호칭을 사용한 것은 성경에 없는 1931년에야 만든 조작된 것임을 알 수 있다.

5) 여호와의 증인인가? 예수의 증인인가?

'여호와의 증인'이라는 호칭은 성경에 없고 구약의 하나님 백성에게 사용된 적이 없으며 신약의 그리스도인들도 사용한 적이 없다. 여호와의 증인들은 여호와 하나님께서 구약의 이스라엘 백성들에게 "너희는 나의 증인이요"(사 43:12)라고 하였다고 해서 '여호와의 증인'이라고 하는데 예수님께서 오신 뒤 신약에서는 바뀌었다. 신약에서는 '여호와의 증인'이 아니라 '예수의 증인'이 되라고 명령하셨다. "오직 성령이 너희에게 임하시면 너희가 권능을 받고 예루살렘과 온 유대와 사마리아와 땅 끝까지 이르러 내 증인이 되리라 하시니라"(행 1:8). 이에 따라 사도들이 '예수의 증인'이었고 초대교회 모든 성도들이 '예수의 증인'이었다. 특히 계시록에 나타난 하나님의 참 백성에게도 '예수의 증인'이라고 하였다(계 17:6). 초대교회에 하나님의 백성들은 '여호와의 증인'이 아니었다. '여호와의 증인'은 이단 여호와의 증인이 1931년에 만든 것이다. 신약의 교회인 오늘의 성도들은 성경에 있는 '예수의 증인'이 되어야 하는가, '여호와의 증인'이 되어야 하는가? 성경적인 그리스도인들은 예수를 증언하는 '예수의 증인'이다. 여호와의 증인은 1931년에 만들어진 이단인 것이다.

제11장

십일조 폐지론

1. 여호와의 증인의 주장

1) 십일조는 모세 율법과 함께 폐지되었다.

십일조는 모세의 율법이었다.

여호와의 증인들은 십일조가 모세의 율법이라고 한다. 하나님께서 모세를 통하여 주신 율법이기 때문에 모세의 율법이 끝날 때 함께 끝났다고 주장한다.

> "십일조를 바치는 일은 하나님께서 모세를 통해 고대 이스라엘 민족에게 주신 전체 율법의 일부였다. 이스라엘의 12지파는, 땅을 기업으로 받지 않고 제사직을 맡은 레위인들 즉 13번째 지파를 부양할 것을 율법으로 요구받았다. 그리하여, 레위인들은 그 민족의 영적인 필요에 전념할 수 있었다(민수 18:21-24). 이스라엘인들은 농사를 짓는 민족이었으므로 십일조를 현금으로 내는 일이 요구되지 않았다. 오히려 땅의 소출과 늘어난 가축에서 취하여 십일조를 바쳐야 했다. 만약 소출의 십분의 일을 돈으로

환산하여 바치기를 원하는 사람이 있다면, 그는 소출의 가치에 20퍼센트를 더 바치지 않으면 안 되었다. ―레위 27:30-33."(워치타워, 《깨어라》1986 3/1, p.122). "십일조에 관한 모세 율법. 여호와께서 이스라엘에게 십일조에 관한 법을 주신 데는 분명한 목적이 있었다. 여기에는 연간 수입의 십분의 이를 사용하는 일이 관련된 것으로 보인다. 물론 안식년은 예외였는데, 안식년에는 수입이라곤 예상되지 않았으므로 어떤 십일조도 내지 않았다(레 25:1-12). 하지만 십일조가 한 가지뿐이었다고 생각하는 학자들도 있다. 그런 십일조는 첫 열매에 더하여 백성이 여호와께 의무적으로 바친 것이었다고 그 학자들은 생각한다. ―출 23:19; 34:26."(워치타워, 《성경통찰》 제1권, p.1275).

십일조의 율법은 폐지되었다.

여호와의 증인들은 모세의 율법이 십자가에서 폐지될 때 십일조의 법도 폐지되었기 때문에 더 이상 그리스도인들은 십일조를 드릴 필요가 없어졌다고 한다.

"그리스도인에게는 십일조 규정이 없음. 1세기 그리스도인들은 십일조를 내라는 명령을 받은 적이 결코 없다. 율법 아래서 십일조 마련의 주된 목적은 이스라엘의 성전과 제사직을 지원하는 것이었다. 따라서 고통의 기둥에서 그리스도가 죽음으로 모세의 율법 계약이 성취되어 끝났을 때 십일조를 내야 하는 의무도 끝나게 되었다(엡 2:15; 골 2:13, 14). 기원 70년에 예루살렘 성전이 파괴될 때까지 레위 사람 제사장들이 그곳에서 계속 봉사한 것은 사실이나 기원 33년 이후로 그리스도인들은 십일조로 지원되지 않는 새로운 영적 제사직의 일부가 되었다. ―로 6:14; 히 7:12; 베첫

2:9."(워치타워. 《성경통찰》 제1권, p.1276).

"십일조에 관한 명령을 포함하고 있는 율법 언약은 형주에서의 예수의 죽음을 기초로 해서 폐지되었다. 이에 대하여 영감받은 사도 '바울'은 이렇게 기술하였다. '[하나님은] 의문에 쓴 증서를 도말하시고 제하여 버리사 [형주에 못박으셨느니라'(골로새 2:14). 그러므로 '이스라엘'인에게 주어진 십일조에 관한 명령은 하나님께서 그리스도인들에게 십일조를 요구하신다는 것을 증명하는 데 사용될 수 없다."(워치타워. 《깨어라》74 3/22, p.22~23).

2) 헌금은 자원해서 드려야 한다.

신약에서의 헌금은 정해져 있는 것이 아니라 자원해서 드려야 한다고 한다.

"「그리스도인 희랍어 성경」에서 강조하는 것은 마음에서 우러나와 자진적으로 주는 것이다. 기록은 이러하다. '할 마음만 있으면 있는 대로 받으실 터이요 없는 것을 받지 아니하시리라'(고린도후 8:12), '각각 그 마음에 정한 대로 할 것이요 인색함으로나 억지로 하지 말찌니 하나님은 즐겨 내는 자를 사랑하시느니라'(고린도후 9:7). 분명히, 그리스도인들에게 십일조를 바치는 일이 요구되었다면 특별한 명령에 의하여 금액은 그들에게 이미 정하여졌을 것이다."(워치타워. 《깨어라》74 3/22, p.22~23).

헌금은 자원해서 드려야 하기 때문에 정해진 수입의 십분의 일을 드리라는 십일조 규정은 맞지 않다는 것이다.

3) 보수를 받는 교직자가 있어서는 안 된다.

여호와의 증인들이 십일조 규정이 폐지되었다고 하여 정통교회 성도들을 미혹하고 있는데, 십일조를 폐지하면 자동으로 목회자 보수를 폐지할 수밖에 없다. 그래서 여호와의 증인들은 교직자를 따로 세우지 않고 보수를 지급하지 않는다. 여호와의 증인들은 목사가 없고 장로들이 급료를 받지 않고 봉사직으로 하고 있다. 여호와의 증인은 교리적으로도 십일조가 폐지되었기 때문에 보수를 받는 교직자가 있어서는 안 된다고 가르치고 있다.

> "그리스도인으로서 그들은 자신의 봉사 활동과 물질적 기부 양면으로 그리스도인 봉사의 직무를 지원하라는 권고를 받았다. 회중의 비용을 충당하려고 특별히 정해진 액수를 내는 것이 아니라 '가진 것에 따라' 헌금하고 '자기 마음에 작정한 대로' 내며 '마지못해 하거나 억지로 하지' 않아야 하였다. '하느님께서는 즐거이 주는 사람을 사랑'하시기 때문이다(고둘 8:12; 9:7). 그들은 이런 원칙을 따르도록 격려를 받았다. '훌륭한 방법으로 주재하는 연로자들, 특히 말하는 일과 가르치는 일에서 열심히 일하는 사람들을 두 배나 존중받기에 합당한 사람으로 여기십시오. 성구는 이렇게 말합니다. 타작 일을 하는 수소에게 부리망을 씌워서는 안 된다. 또한 일꾼이 자기 삯을 받는 것이 합당하다'(디첫 5:17, 18). 그렇지만 사도 바울은 회중에게 재정적으로 무거운 짐을 부당하게 지우지 않으려고 노력하는 면에서 본을 세웠다. —행 18:3; 데첫 2:9."(워치타워, 《성경통찰》, 제1권, pp.1275-1276).

여호와의 증인들은 단체 운영은 보수를 받는 교직자가 하는 것이 아니라 평신도들의 봉사로 이루어진다고 한다.

> "여호와의 증인은 1세기 그리스도교의 본을 따라, 교직자와 평신도를 구
> 분하지 않습니다. 침례받은 성원들은 모두 성직 임명을 받은 봉사자로
> 서 전파하고 가르치는 일에 참여합니다. 증인들은 100명 정도로 이루어
> 진 회중들로 조직되어 있습니다. 각 회중에는 영적으로 장성된 남자들이
> '연로자' 즉 장로로 섬기고 있습니다(디도 1:5). 그들은 자신들이 수행하는
> 봉사에 대해 보수를 받지 않습니다."(여호와의 증인 홈피).

2. 십일조 폐지론 반증

1) 모세 율법과 함께 폐지되었다는 주장의 반증

모세 율법 이전에 십일조가 있었다.

성경에는 모세 율법 이전부터 십일조가 드러지고 있었다. 아브라함은
멜기세덱에게 십일조를 드렸다. 성경의 최초의 십일조 기록이다. "너희 대
적을 네 손에 붙이신 지극히 높으신 하나님을 찬송할지로다 하매 아브람
이 그 얻은 것에서 십분의 일을 멜기세덱에게 주었더라"(창 14:20). 아직 모
세의 율법이 나오기도 전에 이미 아브라함은 십일조를 드리고 있었다. 그
후 야곱은 자신의 신실한 신앙생활을 하나님께 서원하면서 십일조 생활
을 약속하였다. "내가 기둥으로 세운 이 돌이 하나님의 집이 될 것이요 하
나님께서 내게 주신 모든 것에서 십분의 일을 내가 반드시 하나님께 드리

겠나이다 하였더라"(창 28:22). 모세의 율법을 통하여 십일조의 규정이 세워지기 전에 믿음의 조상들은 자신들의 성실한 신앙생활을 위하여 하나님께 십일조를 드린 것이다. 이런 점을 볼 때 십일조는 모세의 율법 이상의 의미가 있다는 것을 보여준다.

십일조는 예배의 예물이었다.

십일조는 하나님께 제사를 드릴 때 예물로 드려졌다. 그래서 제사를 드리는 제사장에게 십일조를 드린 것이다. 아브라함은 제사장 멜기세덱에게 십일조를 드렸고, 야곱은 하나님께 제단을 쌓고 십일조를 서원하였으며, 이스라엘 백성들은 제사장들의 보수로 십일조를 드린 것이다. 후에 성전이 세워지면서 성전에 십일조를 드려 제사장들의 보수가 되게 하였다. 그러나 성전이 없고 레위인의 제도가 없을 때에도 제사를 드릴 때는 예물 중 하나로서 십일조를 드린 것이다. 언제나 예배가 있을 때는 십일조와 헌물이 예물로 드려진 것을 알 수 있다. 하나님께 드리는 예배는 구약에서 제사로 드려졌다.

신약 때에는 예배가 폐지 된 것이 아니라 예배가 바뀌게 된다. 동물의 피로 제사 드리는 예배에서 영과 진리로 드리는 예배로 바뀐 것이다. "우리 조상들은 이 산에서 예배하였는데 당신들의 말은 예배할 곳이 예루살렘에 있다 하더이다 예수께서 이르시되 여자여 내 말을 믿으라 이 산에서도 말고 예루살렘에서도 말고 너희가 아버지께 예배할 때가 이르리라 너희는 알지 못하는 것을 예배하고 우리는 아는 것을 예배하노니 이는 구원이 유대인에게서 남이라 아버지께 참되게 예배하는 자들은 영과 진리로 예배할 때가 오나니 곧 이 때라 아버지께서는 자기에게 이렇게 예배하는 자들을 찾으시느니라 하나님은 영이시니 예배하는 자가 영과 진리로 예배할지니라"(요 4:20-24). 예수님께서 사마리아 여인에게 설명해주신 예배에 관한 말씀이다. 예배는 절대로 폐지될 수 없다. 그리고 폐지되지 않았다. 신약시대에도 예배는 계속 드리고 있다. 예배에는 반드시 예물이 있다. 예배에 예물이 바로 십일조와 헌물이다. 예배가 폐지되지 않았기 때문에 십일조와 헌물도 폐지되지 않았다. 십일조는 예배를 드릴 때 하나님께 예물로 드리는 것이다. 억지로가 아니고 자원하는 마음으로 드려야 하는 것이다. 예물이기 때문이다.

십일조는 폐지되지 않았다.

예수님께서도 직접 십일조를 언급하셨다. 십일조가 폐지되었다면 이렇게 말씀하시지 않았을 것이다. "화 있을진저 외식하는 서기관들과 바리새인들이여 너희가 박하와 회향과 근채의 십일조를 드리되 율법의 더 중한 바 정의와 긍휼과 믿음은 버렸도다 그러나 이것도 행하고 저것도 버리지 말아야 할지니라"(마 23:23). 바리새인들이 십일조는 철저히 하지만 더 중요한 진리들을 깨닫지 못하였다고 책망하셨다. 그러나 주님께서는 '이것도 행하고'(십일조), '저것도'(정의와 긍휼과 믿음) 버리지 말라고 하셨다. 왜 주님께서 폐지된 것을 행하라고 하셨겠는가?

구약의 제사장들이 있듯이 신약에 목회자들이 있기에 십일조는 폐하지 않은 것이다.

2) 초대 교회에도 목회자들의 보수가 있었다.

초대 교회에서도 목회자들의 보수는 지급되고 있었다.

십일조는 제사장들의 보수로 지급되었다. 여호와의 증인의 주장대로 십일조가 폐지되었다면 신약의 교회에서 목회자들의 보수가 없었다는 말이 된다. 여호와의 증인들은 초대교회에 목회자들이 무 보수였고 지금의 여호와의 증인들도 보수 없이 봉사하고 있다고 한다.

> "증인들의 모임에서는 연보를 걷는 일이 없으며, 십일조를 내도록 요구하는 일도 없습니다(마태 10:7, 8). 그 대신 모임 장소에 헌금함이 마련되어 있어서 원하는 사람은 헌금을 할 수 있습니다. 기부한 사람은 익명으로 남습니다. 그처럼 비용을 충당할 수 있는 한 가지 이유는 여호와의 증인 가운데 보수를 받는 교직자가 없기 때문입니다."(인터넷 여호와의 증인 홈피).

여호와의 증인의 주장대로 초대교회에 십일조가 없었고 보수 받는 목회자가 없었을까? 초대교회의 십일조가 있었는지의 여부는 목회자들의 보수가 있었는지를 보면 알 수 있다. 성경의 기록들을 살펴보면 초대교회에도 목회자들의 보수가 있었음을 알 수 있다. "누가 자기 비용으로 군복무를 하겠느냐 누가 포도를 심고 그 열매를 먹지 않겠느냐 누가 양 떼를 기르고 그 양 떼의 젖을 먹지 않겠느냐 내가 사람의 예대로 이것을 말하느냐 율법도 이것을 말하지 아니하느냐 모세의 율법에 곡식을 밟아 떠는 소에게 망을 씌우지 말라 기록하였으니 하나님께서 어찌 소들을 위하여 염려하심이냐 오로지 우리를 위하여 말씀하심이 아니냐 과연 우리를 위하여 기록된 것이니 밭가는 자는 소망을 가지고 갈며 곡식 떠는 자는 함께 얻을 소망을 가지고 떠는 것이라 우리가 너희에게 신령한 것을 뿌렸 은즉 너희의 육적인 것을 거두기로 과하다 하겠느냐 다른 이들도 너희에 게 이런 권리를 가졌거든 하물며 우리일까 보냐 그러나 우리가 이 권리를 쓰지 아니하고 범사에 참는 것은 그리스도의 복음에 아무 장애가 없게 하려 함이로다 성전의 일을 하는 이들은 성전에서 나는 것을 먹으며 제단 에서 섬기는 이들은 제단과 함께 나누는 것을 너희가 알지 못하느냐 이 와 같이 주께서도 복음 전하는 자들이 복음으로 말미암아 살리라 명하셨 느니라"(고전 9:7-17).

본문에서 '신령한 것을 뿌리고 육적인 것을 거두는 것'은 목회자의 보수 받는 것을 말한다. '성전의 일을 하는 자들이 성전에서 나는 것을 먹으며' 이 말씀은 구약의 제사장들이 십일조를 보수로 받았던 것을 말하는 것 이다. 이와 같이 '복음을 전하는 자들은 복음으로 말미암아 살리라' 역시 신약의 목회자들도 구약의 제사장처럼 보수를 받는 것을 말하고 있다. 바울이 "다른 이들도 너희에게 이런 권리를 가졌거든"이라고 하는 말씀을 볼 때 당시의 사역자들이 보수를 받았던 것을 알 수 있다. 그러나 바울은 복음의 장애가 없게 하기 위하여 이 권리를 사용하지 않았다고 하였다. 그러나 바울도 후에는 보수를 받았다. "내가 너희를 섬기기 위하여 다른 여러 교회에서 비용을 받은 것은 탈취한 것이라"(고후 11:8). 바울이 고린도 교회를 개척할 때 다른 여러 교회로부터 '비용' 즉 보수를 받았다고 기록 하고 있다. '비용'은 헬라어로 [옵소니온]이다. '봉급, 식량'이라는 단어이 다. 바울은 여러 교회로부터 봉급을 받은 것이다. 구약의 제사장들처럼 초대 교회 목회자들이 보수를 받았다는 것은 성도들이 십일조를 드렸다 는 것을 알 수 있다.

목회자의 보수는 예수님께서 명령하신 것이다.

예수님께서 복음서에서 복음을 전하는 사람들의 사역 원리를 설명하셨다. 복음을 전하는 일꾼 즉 목회자들은 주머니나 전대를 가지지 말라고 하셨다. 즉 자기 재산으로 모아서 복음 사역하는 것이 아니라 보수를 받아서 하라고 하셨다. "그 집에 유하며 주는 것을 먹고 마시라 일꾼이 그 삯을 받는 것이 마땅하니라"(눅 10:7). '일꾼은 삯을 받는 것이 마땅하다.' '삯'은 헬라어로 [미스도스]로서 '임금'이라는 단어이다. 복음 전하는 주의 일꾼들이 '임금'을 받는 것이 마땅하다고 하신 것이다. 주님께서 말씀하신 사역의 원리이다. 즉 목회자가 보수를 받고 일하는 것이 바른 방법이라고 말씀하신 것이다. 여호와의 증인들이 자신들의 교직자들이 보수를 받지 않는다고 자랑하고 있는데, 이는 예수님의 말씀과 맞지 않는다. 예수님의 말씀에 비추어 볼 때 '마땅하지 않은 일'이다. 즉 성경의 원리에 맞지 않는 잘못된 일이라는 것이다. 이러한 예수님의 말씀에 따라서 초대 교회는 일꾼(목회자)들에게 삯(보수)을 지급했다. 초대교회가 목회자들의 보수를 지급했다는 것으로 보아 성도들이 십일조 헌금을 한 것을 알 수 있다.

3) 여호와의 증인도 헌금을 거둔다.

여호와의 증인은 보수를 받는 목회자가 없기 때문에 십일조를 하지 않는다고 주장한다. 그러면 여호와의 증인은 헌금을 거두지 않고 운영을 하는가? 그렇지 않다. 십일조만 거두지 않을 뿐 많은 헌금을 거두고 있다. 여호와의 증인을 이탈한 사람들의 간증을 들어보면 과중한 헌금에 많은 부담을 가졌었다고 말한다.

> "여호와의 증인의 전파 활동을 위한 재정적인 지원은 주로 증인들의 자진
> 적인 헌금을 통해 이루어집니다. 증인들의 모임에서는 연보를 걷는 일이
> 없으며, 십일조를 내도록 요구하는 일도 없습니다(마태 10:7, 8). 그 대신
> 모임 장소에 헌금함이 마련되어 있어서 원하는 사람은 헌금을 할 수 있습
> 니다. 기부한 사람은 익명으로 남습니다. 그처럼 비용을 충당할 수 있는
> 한 가지 이유는 여호와의 증인 가운데 보수를 받는 교직자가 없기 때문입
> 니다. 또한 증인들은 집집을 방문하는 일에 대한 보수를 받지 않으며, 수
> 수한 장소에 모여 숭배를 드립니다."(여호와의 증인 인터넷 홈피).

　여호와의 증인들이 모든 헌금을 폐지한 것이 아니다. 십일조만 폐지한
것이다. 이들은 십일조는 하지 않지만 정통교인들의 십일조보다 더 많은
헌금을 거두고 있다. 이 또한 맞지 않는 일이다. 십일조는 헌금이다. 십
일조를 폐지하려면 모든 헌금을 폐지해야 한다. 다른 헌금은 인정하면서
십일조만 폐지했다고 하는 것은 잘못된 주장이다. 세계적으로 활동하는
여호와의 증인들이 보수는 받지 않지만 책자 등에 들어가는 모든 비용을
헌금으로 하고 있기 때문에 신도들이 다 부담해야 하는 것이다. 실제로
여호와의 증인 집단에서 과중한 헌금에 부담을 느껴 이탈한 신도들도 있
다.

제2부

여호와의 증인과
언론보도

1. 여호와의 증인, 러시아서 퇴출

러시아 연방대법원이 지난 17일(현지시간) '여호와의 증인'에 대한 활동 금지 판결을 확정했다. 이 판결로 러시아 상트페테르부르크에 있는 '여호와의 증인' 러시아 본부 및 각 지역 지부는 폐쇄될 운명을 맞았다. 유리 이바넨코 연방대법원 상소재판부 판사는 판결문에서 "러시아 여호와의 증인 운영 본부와 그 조직에 포함된 지역 종교 단체들을 해산하고 종교단체의 재산을 모두 국고에 귀속시킨다."고 판시했다.

러시아 법무부는 지난 3월 16일 '여호와의 증인' 활동이 극단주의를 방지하는 러시아 법에 위배되고 이들의 안내책자에 혐오를 조장하는 내용이 포함됐다며 활동금지를 청구하는 소송을 제기했다. 연방대법원은 4월 20일 "여호와의 증인이 극단주의적 조직이며 시민의 권리와 공공질서 및 안전에 반하기 때문에 활동을 금지한다."고 밝혔다. 여호와의 증인은 이 판결에 불복해 상고했으나 결국 패소했다.

국제여호와의증인 대변인인 데이비드 세모니언은 "연방대법원 판결과 반대되는 증거가 많이 있는데도 공권력이 우리를 극단주의자로 몰아붙이고 있다."며 "이번 결정이 매우 실망스럽다."고 말했다.

여호와의 증인은 18일 유럽인권재판소에 제소하겠다는 입장을 발표했다. 유럽인권재판소는 2010년 러시아에서 여호와의 증인 활동을 금지하려는 시도는 종교의 자유에 반해 불법적이라고 밝힌 적이 있다. 하지만 구속력이 없어 러시아 연방대법원의 판결에 영향을 미치지 못했다.

여호와의 증인은 전 세계에 약 800만 명의 신도가 있으며 러시아에선 17만 5천명이 신도로 활동하고 있다. 한국에서는 대한예수교장로회 통합·고신·합신, 기독교대한감리회, 기독교대한성결교회, 한국기독교장로회 등 주요 교단에 의해 이단으로 규정됐다.

〈2018년 7월 21일, 국민일보 구자창 기자〉

2. 여호와의 증인, 인간사회를
'사탄 세상' 규정… 국가 의무 거부

병역 거부하는 교리적 배경은

헌법재판소가 지난 28일 이른바 '양심적 병역거부자'(종교적 병역기피자)에 대한 대체복무제 도입을 결정하면서 여호와의 증인 교리에 대한 궁금증이 증폭되고 있다. 병역거부자의 99.2%가 여호와의 증인 신도들이기 때문이다. 도대체 어떤 가르침이 병역을 거부토록 했을까. 이들은 헌재 결정 이후 "군 산하 대체복무는 안 된다."며 집총거부와 병역거부에 이어 대체복무 기관까지 입맛대로 요구하는 등 국가와 정부에 대한 정면 도전을 계속하고 있다.

여호와의 증인은 그들의 책자《우리는 지상 낙원에서 영원히 살 수 있다》에서 인간 사회를 '사탄의 세상'으로 해석한다. 사탄의 세상을 구성하는 두 가지 요소로 '정부'와 '상업제도'를 말한다. 따라서 "사탄의 세상이 존재하는 한 그 악한 영향력에서 벗어나기 위해 계속 투쟁해야 한다."고 결론짓는다.

탁지일 부산장신대 교수는 1일 "병역을 거부하고 반국가적 경향을 보이는 것은 여호와의 증인 신도들이 교리적으로 정부를 부정하고 있기 때문"이라며 "그들은 사탄의 권세를 상징하는 국가권력을 따르지도, 국가 의무에 복종하지도 않는다."고 말했다. 탁 교수는 "그들에게 참된 정부는 하늘에 있는 '하느님의 왕국'뿐"이라며 "이 왕국은 마지막 때에 세상 정부를 대체할 것이며 이는 모든 지상 국가들의 전복을 의미한다고 주장한다."고 덧붙였다.

국가(國歌)나 국기에 대한 경례 거부, 수혈 거부 등도 여호와의 증인이 갖고 있는 반국가적·반사회적 면모를 드러내는 대표적 특징들이다. 이들의 반국가적 태도는 헌재의 대체복무제 도입 결정 후에도 확인됐다. 여호와의 증인 관계자는 29일 한 언론을 통해 "대체복무 기관을 어디에 두느냐가 문제"라며 "군 산하에 있어서는 안 되고 순수 민간 대체복무만 가능하다."고 말했다.

이 같은 태도는 여호와의 증인이 홈페이지에서 공개한 '여호와의 증인은 무엇을 믿습니까'와 정면 배치된다. 이들은 이 글에서 "정치에 관여하지는 않지만 우리가 사는 나라를 다스리는 정부의 권위를 존중한다."며 "법을 준수하고 세금을 납부하며 공공복지를 위한 정부의 노력에 협조한다."고 명시했다.

여호와의 증인은 병역거부 등 국가 체제와의 갈등으로 세계 곳곳에서 갈등을 겪고 있다. 러시아에서는 여호와의 증인을 '급진적 활동과 연계된 단체'로 규정해 법인 해산과 활동 금지 조치가, 스위스에서는 공공장소에서 (여호와의 증인) 서적 전시대 설치 및 포교를 금지하는 조치가 내려졌다.

미국 펜실베이니아 출신 C. T. 러셀에 의해 시작된 여호와의 증인은 1872년 창립된 '국제성서연구자협회'가 전신이다. 삼위일체를 거짓 가르침으로 규정하고 예수는 피조물에 불과하며 성령은 인격체가 아니라 보이지 않는 힘이라고 가르친다. 1914년 예수가 영으로 재림했다고 주장한다. 지옥의 존재를 부정하며 인간의 영혼은 사망하면 끝난다고 가르친다. 한국교회 주요 교단들이 이단으로 규정하고 있는 이유다.

〈2018년 7월 2일, 국민일보 신상목 기자〉

3. 강요당한 병역거부… "나는 군에 가고 싶었다"

어느 여호와의 증인 탈퇴 신도의 고백

"저는 양심에 따라 군대에 가고 싶었습니다. 하지만 가족과 단절되는 게 두려워 어쩔 수 없이 병역을 거부해야 했습니다. 양심적 병역거부가 아니라 강제적 병역거부인 셈입니다."

이른바 '양심적 병역거부자'의 99.2%가 여호와의 증인 신도이고 이들은 자신의 '양심'에 따라 병역을 거부한다고 알려져 있다. 하지만 3일 서울의 한 카페에서 만난 전 여호와의 증인 신도 박준원(가명)씨는 다른 얘기를 들려줬다. 그는 "병역을 거부하지 않으면 여호와의 증인에서 제명당하는데 이는 가족이나 친구와 단절되는 것이어서 할 수 없이 병역거부를 했다."며 "병역 대상인 청년 신도 대부분은 가족 모두가 여호와의 증인 신도이기 때문에 갈등이 많다."고 했다.

박씨는 '양심적 병역거부자'를 위해 대체복무제를 도입하라는 헌법재판소의 최근 결정을 지켜보면서 한마디로 어이가 없었다고 했다. '양심적'이란 말에 실소가 터졌기 때문이다. 그는 '여호와의 증인, 인간사회를 사탄 세상 규정, 국가 의무 거부'라는 국민일보 보도(7월 2일자 25면 참조)를 접하고 전화를 걸어왔다. 그들의 실체를 제대로 알려야겠다는 생각에서였다.

"여호와의 증인 내부에서는 신도들이 양심에 따라 살 수 없도록 만들면서 외부적으로는 '양심적' 병역거부라는 말을 쓰고 있습니다. 이는 모순입니다. 여호와의 증인 청년들 중엔 정말 자신의 '양심에 따라' 군대에 가고 싶은 사람이 있습니다. 하지만 그렇게 못하게 합니다."

그는 "여호와의 증인 신도들은 법정에서 '양심상 총을 못 잡겠다'는 마음에도 없는 말을 하면서 교도소에 간다. 이를 '중립을 지킨다'고 표현한다."며 "부모님들 때문에 어쩔 수 없이 병역을 거부하는 것이다. 자기들끼리는 '효도 중립'이라고 말한다."고 했다. 여호와의 증인이 입영을 앞둔 청년들에게 지침을 준다고도 설명했다. 그는 "왕국회관(여호와의 증인 모임 장소) 관계자들이 입영 대상자들을 만나 '법원에서는 무조건 양심적 병역거부를 말하라'고 가르친다."며 "판사 앞에서는 '양심상 총을 들지 못하겠다'고 말하면 끝"이라고 했다.

그러면서 박씨는 "여호와의 증인이 제 양심을 존중해 줬다면 내가 왜 전과자가 됐겠느냐."며 "가족을 버리고 입대해 정상적인 삶을 살 것인가, 아니면 가족을 위해 감옥에 갈 것인가를 결정해야 했다. 나는 가족을 택했다."고 씁쓸해했다.

박씨는 결국 입영을 거부해 법원으로부터 징역 1년 6개월의 실형을 선고받고 교도소에 수감됐다. 그는 "1년 3개월은 교도소에서, 나머지 3개월은 가석방돼 생활했다."며 "교도소 안에서도 거부자끼리 수감돼 편하게 생활한다. 사실상 군 면제와 마찬가지"라고 꼬집었다.

국내 여호와의 증인 신도는 10만여 명으로 추정된다. 스스로 신도가 되는 경우는 극소수이며 대부분 기존 신도의 자녀들이 부모의 신앙을 따라 여호와의 증인 신도가 된다. 이 때문에 내부 결속이 강할 수밖에 없다. 특히 어릴 적부터 반국가적·반사회적 태도를 지키도록 엄하게 교육해 다른 생각을 하지 못하게 한다.

"정치적 중립을 이유로 투표를 하거나 정당에 가입하지 못하게 합니다. 어릴 적 학교에서 애국가를 부르지 못해 입만 벙긋한 적이 많았습니다. 국기에 대한 경례도 못하게 해서 가슴팍에 있는 옷 단추를 만지는 척했습니다."

박씨는 "여호와의 증인은 초등학생 때부터 사회와 유리되도록 교육받는다. 하느님이 모든 것을 지켜보고 있어서 규칙을 위반하면 벌을 받는다고 생각한다."며 "어릴 때부터 교리교육을 시키며 일주일에 두 차례 모임에 참석해 연설(설교)을 들어야 한다. 일대일 교육도 받는다."고 했다.

여호와의 증인은 대학 진학도 막는다고 했다. "그들은 종말론에 모든 것을 겁니다. 곧 세상이 끝나는데 무슨 의미가 있느냐는 것입니다. 그래서 대학도 가지 못하게 하고 돈도 못 벌게 합니다. 만약 아버지가 핵심 신도인데 아들이 대학에 가면 직분을 사임해야 합니다. 본이 안 된다는 이유입니다. 대학 가면 이탈자가 생길 수 있어 예방 차원에서도 못 가게 합니다."

그는 고교 시절 공부를 잘했지만 대학에 가지 말라는 강제적 명령 때문에 진학을 포기했다. 여호와의 증인과 결별한 뒤에야 직장도 구하고 대학에도 갈 수 있었다. 그는 "이젠 자유롭게 살고 싶다."고 했다.

〈2018년 7월 5일, 국민일보 신상목 기자〉

4. [여호와의 증인 실체를 말한다]
(1) 국가를 사탄으로 규정

"모든 정부는 사탄 아래 있다" 존재 자체를 부정 -

여호와의 증인은 최근 헌법재판소 결정을 통해 종교적 병역회피를 '양심적 병역거부'로 인정받는 데 성공했다. 사실상 병역면제 특혜를 받아냈지만 반사회적 교리를 떠받드는 여호와의 증인의 실체는 한국 사회에 제대로 알려져 있지 않다. '현대 시한부종말론 집단의 원조'로 불리는 여호와의 증인의 교리와 그에 따른 폐해를 4회에 걸쳐 살펴본다.

여호와의 증인은 1912년 한국에서 포교활동을 시작했으며, 1957년 ㈜ 워치타워성서책자협회를 세운 뒤《파수대》《가정의 행복 그 비결》《나의 성서 이야기 책》등 미국 본부의 문서를 번역해 포교를 하고 있다. 이들은 '국가 정부가 사탄(악마) 조직의 일부'라는 반사회적 교리를 갖고 있다. 여호와의 증인 교리서 '영원히 살 수 있다'는 "정부는 사탄(악마)으로부터 권세를 받은 사탄 세상의 일부이고 군사력을 동원해 참혹한 전쟁을 조장하기 때문에 전쟁연습에 참여할 수 없다."고 주장한다. 이들은 이 때문에 병역을 거부하고 애국가를 부르지 않으며 국기에 대한 경례도 하지 않는다. 투표는 물론 정치활동에도 일체 참여하지 않는다. 한국인은 참정권이 없어 러시아 대통령 선거 투표에 참가하지 않듯이 하나님왕국에 살고 있는 자신들은 한국에서 투표할 필요가 없다는 논리다.

잘못된 교리는 여기서 그치지 않는다. 교리서《계시록 그 웅대한 절정은 가까 왔다》에선 유엔을 요한계시록 17장에 나오는 '붉은 빛 짐승' '여덟째 왕'으로 지칭하고 "유엔이 멸망으로 들어갈 것"이라고 비판한다. 여호와의 증인은 요한계시록 16장이 언급하는 아마겟돈 전쟁이 가까워졌다고 가르치고 있으며, 그들이 꿈꾸는 왕국이 세계를 통일할 것이라 믿고 있다. 교리서《성서는 실제로 무엇을 가르치는가》에도 "하느님 왕국에선 인류 가운데서 14만 4천명이 선택돼 그분과 함께 통치한다."고 소개한다.

진용식 한국기독교이단상담소협회장은 22일 "여호와의 증인은 아마겟돈 전쟁으로 세계가 통일되면 자신들에게 소속된 14만 4천명이 세계를 다스린다는 허황된 꿈에 사로잡혀 있다."면서 "심각한 성경해석 오류, 삼위일체 부인 등의 문제점이 있어 한국교회에서 이단으로 지정한 것"이라고 설명했다. 이어 "그들이 병역을 회피하는 진짜 이유는 신앙적 양심이나 평화 사랑이 아닌 세속 정부를 전면 부인하는 잘못된 교리 때문"이라며 "그렇기 때문에 이들의 입장에선 대한민국 정부가 아마겟돈 전쟁을 치러야 하는 사실상 적국(敵國)"이라고 지적했다.

여호와의 증인 관계자는 이에 대해 "한국 미국 중국 등 세상의 모든 정부는 사탄의 권위 아래 있다."면서 "하지만 우리는 어떤 나라도 적국이라 표현하지 않는다."고 주장했다. 이어 "여호와의 증인은 성서의 가르침에 따라 중립을 유지해야 하기 때문에 군복무, 투표 등 세상 정부의 일에 개입하지 않는 것일 뿐"이라고 덧붙였다.

그는 종말과 관련해 "예수님은 1914년 이미 재림했다."면서 "세상의 종말은 아마겟돈 전쟁 때 있으며 여호와 하느님이 왕국을 다스리는 데 14만 4천명을 사용하실 것"이라고 했다. 이 같은 주장은 시한부종말론 집단에서 공통적으로 나타난다.

유엔을 '붉은 빛 짐승'으로 지칭하는 이유를 묻자 "유엔은 인간이 하느님의 왕국을 무시하고 무엇을 이루려는 데 문제가 있음을 드러내는 대표적 모임"이라며 "이 부분은 계시록에 나오는데 계시록의 예언이 어떻게 이뤄지는지 면밀히 살피고 있다."며 즉답을 피했다.

〈2018년 7월 23일, 국민일보 백상현 기자〉

5. [여호와의 증인 실체를 말한다]
(2) 수혈 거부 등 반사회적 교리

"피를 먹지 말라" 자의적 해석… 수혈 못해 생명 위험

여호와의 증인의 반사회적 교리는 국가체제 부정과 병역기피, 투표거부에 그치지 않는다. 그릇된 종교적 신념과 잘못된 교리는 신도들의 건강권과 행복추구권까지 위협한다. 대표적인 사례가 수혈이다. 여호와의 증인은 "피를 먹지 말라"는 레위기 말씀을 앞세워 수혈을 거부한다. 그러나 여기서 '피를 먹지 말라'는 뜻은 사람의 피를 마시지 말라는 뜻이지 수혈을 거부하라는 의미가 아니다.

이덕술 한국기독교이단상담소협회 서울소장은 23일 "수혈은 생명을 살리기 위해 혈액을 보충하는 용도이지 먹는 게 아니다."라면서 "여호와의 증인처럼 반사회적 종교집단은 성경의 전후문맥을 따지지 않고 자신들이 원하는 구절만 떼어내 해석하는 오류를 범한다."고 꼬집었다.

실제로 여호와의 증인의 교리는 신도들의 생명까지 위협하고 있다. 2010년 서울 S병원에서 생후 50여일 된 영아가 수혈을 받지 못해 사망한 사건이 발생했다. 당시 부모는 자신들의 '종교적 신념'을 내세워 수혈을

거부했고 병원은 아이의 생명을 구하기 위해 진료업무방해금지 가처분신청까지 제출했다. 2011년에도 S병원은 여호와의 증인 신도를 상대로 수혈방해금지 가처분신청을 냈다.

여호와의 증인이 이처럼 수혈을 거부하는 것은 수혈을 받았을 경우 그들만의 '부활'에 참여할 수 없기 때문이다. 수혈을 한 신도는 출교처분까지 받는다. 그래서 신도들은 수혈 거부 증을 소지하며 병원에 입원하기 전 수혈을 받지 않겠다는 각서까지 쓴다. 여호와의 증인 관계자는 "신도들은 무수혈로 치료 받겠다는 의료지침서, 의료위임장을 늘 소지한다."면서 "만약 수혈을 해서 '피를 멀리하라'는 성서 원칙을 어겼다면 출교처분을 받는다."고 설명했다. 이어 "수술 때 꼭 수혈을 해야 한다는 법은 없다. 검증된 무수혈 대체요법도 얼마든지 있다."고 반박했다.

그는 2010년과 2011년 병원이 제출한 가처분 신청에 대해 "그것은 의사들이 제출한 것으로, 의사에게 치료를 100% 위임할 필요까진 없다."면서 "응급환자가 수혈을 받았다고 해서 생존할 것이라는 보장이 어디 있느냐."고 반문했다. 이어 "전혈과 성분수혈 등 1차 수혈은 절대 안 되지만 면역 단백질 등 혈액의 2차 성분을 빼내서 하는 수혈은 얼마든지 가능하다."면서 "그건 피에 해당되지 않는다."고 설명했다.

지영준(법무법인 저스티스) 변호사는 "응급상황에서 자녀에 대한 수혈을 거부하는 것은 친권남용 행위로 종교의 자유와 생명권을 혼동한 것"이라면서 "왜곡된 교리로 자신의 생명뿐만 아니라 사리분별을 못하는 어린 생명까지 위협했다면 그들이 그토록 엄하게 금하는 '살인하지 말라'는 계명을 어기는 셈"이라고 비판했다. 여호와의 증인 관계자는 또 대학교육 거부와 이탈 신도에 대한 대화단절에 대해선 사실 무근이라고 주장했다(국민일보 7월 5일자 25면, 13일자 34면 참조). 그는 "학업중단은 어디까지나 본인이 결정할 문제"라면서 "이탈 신도에 대한 가족의 도리는 지키되 여호와의 증인으로서 이야기하지 않을 뿐"이라고 주장했다.

〈2018년 7월 24일, 국민일보 백상현 기자〉

6. [여호와의 증인 실체를 말한다]
(3) 현대 시한부 종말론의 원조

"아마겟돈 전쟁 난다"… 위기감에 직장 사직·가산 탕진

    여호와의 증인은 현대 시한부종말론 집단의 원조로 불린다. 종파 설립 초기부터 특정 시기에 그리스도의 재림이 도래하거나 아마겟돈 전쟁이 벌어져 천년왕국이 온다고 강조했기 때문이다. 여호와의 증인 창시자 C. T. 러셀(1852~1916)은 1872년, 안식교의 영향을 받아 새로운 종파를 창설했다. 그는 1874년, 예수 그리스도의 재림이 있을 것이라고 주장했지만 불발에 그쳤다. 1914년, 아마겟돈 전쟁이 일어나 세상이 끝날 것이라고 주장했으나 또다시 불발됐다.

    러셀에 이어 2대 교주에 취임한 러더퍼드는 세상 종말이 1925년에 있을 것이라고 주장했다. 하지만 성사되지 않았다. 여호와의 증인 지도부는 1975년 10월 초 아마겟돈 전쟁이 일어나 지구가 멸망할 것이라고 신도들에게 은연중 강조했지만 이마저도 실패로 돌아갔다. 이후 "1914년을 기점으로 한 세대(70~80년) 안에 종말이 온다."는 주장이 나왔다. 그러나 1994년이 지나도 아무 일이 일어나지 않았다.

종말이 곧 온다는 위기감에 따라 신도들은 적극적인 포교활동을 펼쳤다. 한국의 경우 1969년 8,911명에 불과하던 신도가 6년 만에 2만 9,759명으로 300% 증가했다. 1990년엔 8만 6,000명을 넘어섰고 지금은 10만명이상으로 추산된다.

시한부종말론이 수차례 빗나갔음에도 여호와의 증인은 그들의 핵심 교리서에서 아마겟돈(종말)이 온다고 지속적으로 강조했다. 이로 인해 학업 중단과 사업 포기, 직장 사직, 가산 탕진 등의 현상이 빈번하게 나타났다는 비판이 제기됐다.

이들은 지금도 1914년, 예수님이 재림했다고 철석같이 믿고 있다. 특히 아마겟돈 전쟁 후 여호와의 증인만을 위한 천년왕국이 설립돼 14만 4천명이 왕 노릇한다는 허황된 생각에 빠져 있다. 여호와의 증인 관계자는 "우리는 시한부종말론의 특성을 보인 적이 없다. 일반 사람들이 말하는 종말을 주장하지 않았다."고 반박했다. 이 관계자는 "다만 사람마다 생각이 다를 수 있으니 일부 신도들이 주장할 수도 있다고 본다."며 말끝을 흐렸다.

'역사적으로 수차례 종말을 주장한 사실은 맞느냐?'는 질문에 "우리는 1975년 10월 종말을 주장하지 않았다."면서 "일부에서 우리를 비난하는 사람들이 시한부종말론 집단이라고 말을 만들어내고 있다."며 불쾌감을 드러냈다.

전문가들은 여호와의 증인이 시한부종말론 주장과 극도의 배타성 등 반사회적 사이비종교 집단의 특성을 갖춘 만큼 경계를 늦춰선 안 된다고 당부했다. 탁지일 부산장신대 교수는 "반복적인 시한부종말 주장이 가능한 것은 자신들의 선택이 잘못됐음을 인정하기 싫어하는 신도들의 심리와 조직 강화, 재정 확대, 신도 통제가 필요한 사이비종교의 이해관계가 맞아떨어졌기 때문"이라고 분석했다.

이어 "한국 사회에 인권과 다양성이 강조되면서 여호와의 증인이 '양심적 병역거부'라는 이슈로 급부상했다."면서 "그들의 교리 속엔 반사회적, 반국가적 이데올로기가 숨어 있으며 다른 나라에서처럼 언젠가 사회적 물의를 일으킬 것이라는 사실을 절대 잊어선 안 된다."고 당부했다.

〈2018년 7월 25일, 국민일보 백상현 기자〉

7. [여호와의 증인 실체를 말한다]
(4) 여호와의 증인 탈퇴 부부의 고백

"종말론 당시 집단 최면 상태 … 43년 지난 지금도 써먹어 한심"

"여호와의 증인은 '1975년 인류 종말의 때가 확실하다'고 가르쳤습니다. 교리중독에 빠지니 정말 보이는 게 없었어요. 주변에선 쌀 라면 등 생필품을 사재기하고 보험도 모두 해지했습니다."

여호와의 증인 신도였다가 80년 탈퇴한 노모(61)씨는 25일 인터뷰에서 75년에 겪었던 시한부종말론 해프닝부터 털어놨다. 노씨는 "그때는 정말 종말이 온다는 위기의식에 매일 집집마다 찾아다니며 포교했다."면서 "종말의 긴박감 때문인지 신도들은 집단 최면 상태에 빠져 있었다."고 회고했다.

시한부종말론은 불발에 그쳤고 어느 누구도 책임지지 않았다. 심지어 43년이 지난 지금도 조직은 유지되고 있다. 노씨는 그 비결이 신도들의 '교리중독'과 '본전심리'에 있다고 분석했다.

그는 "도박판에서 돈을 잃다 보면 어느 순간 '이거 사기 아닐까' 하는 의심이 들지만 본전 생각에 자리를 털고 일어나지 못한다."면서 "마찬가지로 여호와의 증인 신도도 시간과 물질 등 모든 인생을 바쳤음에도 인생 밑천이 바닥날 때까지 포기 못하는 상태에 와 있다."고 지적했다. 이어 "신도들은 울며 겨자 먹기 식으로 언젠가 한번 '대박'이 터질 것이라며 1914년을 기점으로 연대 계산을 하고 있다."고 안타까워했다.

노씨의 아내 조모(67)씨는 "조직에서 나와 보니 시한부종말론은 신도 감소를 막고 믿음이 적은 사람들을 지탱하며 조직이 나태해지지 않도록 독려하는 역할을 했다."면서 "한심한 건 43년 지난 지금도 그걸 써먹고 있다는 점"이라고 주장했다.

노씨 부부가 10년 넘게 여호와의 증인 신도로 생활하다가 탈퇴한 것은 그들이 강조하는 행위구원과 율법주의에 환멸을 느꼈기 때문이다. 성경보다 《파수대》 등 간행물과 조직지침을 우선시하는 이중성도 참을 수 없었다.

노씨는 "어느 날 예수의 흔적이 아니라 여호와의 증인 '센서'가 나를 움직인다는 생각이 엄습했다."면서 "거짓종교라 배웠던 정통교회에서 흘러나온 찬송가 '나 같은 죄인 살리신'을 듣는 순간 행위구원의 가식을 벗어던지게 됐다."고 회고했다.

노씨 부부는 탈퇴 후 배교자가 됐고 생활고가 닥쳐왔다. 신도인 가족 친척 친구와 대화가 끊겼다. 참진리를 찾겠다며 안식교 통일교 모르몬교 등을 배회하다가 정통교회에서 십자가 구원의 진수를 깨닫게 됐다. 초창기에는 막노동을 했지만 지금은 전기시설 업종에서 일한다.

조씨는 "여호와의 증인에서 탈퇴했을 때 겪는 충격은 삶의 모든 터전을 버린 탈북민이 남한에 왔을 때 받는 충격과 비슷할 것"이라면서 "사회에서 홀로 방황하다가 '이단 금단현상'을 극복 못하고 다시 그곳으로 돌아가는 경우도 있다."고 귀띔했다.

노씨는 한국 사회에 여호와의 증인의 실체를 똑바로 알려야 한다고 당부했다. 그는 "여호와의 증인은 이탈자에 대해 공개 책망과 제명처분, 배교자 낙인찍기, 가족 간 대화 단절 등으로 철저히 응징한다."면서 "부모와 자식 간 대화까지 막는 사이비 종교가 병역을 기피하기 위해 '양심'이라는 단어를 함부로 들먹여도 되는 것인지 의문"이라고 목청을 높였다.

이어 "여호와의 증인 신도들은 오늘도 사이비 교리에 빠져 맹목적인 충성을 하고 있다."면서 "그들이 오직 하나님의 은혜로만 구원받는 진리에 눈뜬다면 잘못된 인본주의 사상은 벽돌 무너지듯 와르르 무너질 것"이라고 전망했다. 노씨는 이메일로 상담을 받고 있다(joon9002@daum.net).

〈2018년 7월 26일 국민일보 백상현 기자〉

8. 여호와의 증인 병역거부… 진정 개인 양심인가?

군에 입대하면 '이탈자' 처리 … '영적인 사망선고' 내려

여호와의 증인 신도들은 병역을 거부한다. 우리나라에서는 병역법 위반으로 처벌 받는다. 대법원과 헌법재판소의 거듭되는 유죄판결과 합헌결정에도 불구하고, 최근 하급심에서의 무죄판결이 빈번해지고 있다. 그러나 '양심적 병역거부'로 포장된 여호와의 증인 신도들의 병역거부는 '진정한 개인의 양심이 아니라 억압받은 양심'이라는 주장이 꾸준히 제기되고 있다.

여호와의 증인의 문제점을 지적하는 'i 여호와의 증인 정보카페'는 이와 관련한 다양한 정보와 경험담들이 모아지는 곳이다. <양심적 병역거부 - 진정 개인의 양심인가, 억압받은 양심인가>라는 제목의 글은 병역거부 관련해 여호와의 증인 조직 내부에서 어떤 일이 벌어지고 있는지 소상하게 묘사하고 있다.

이 글은 "천진난만한 20살 남짓한 어린 청소년들이 도대체 무슨 신앙이 그렇게도 돈독하길래 사회의 첫발을 내디디면서 감옥행을 결정한다? 일반적으로 많은 사람들이 이 점을 미스테릭하게 생각하는 것도 무리는 아닌 듯싶다."면서 여호와의 증인 젊은이가 병역거부로 감옥까지 가게 되는

주변상황을 아래와 같이 서술하고 있다.

"입영영장이 나오는 시기가 되면, 회중에서는 입대명령서를 받은 사람이나 관계되는 성원들을 소집합니다. 거기에서 일정한 정도의 '격려'를 한 뒤, 협회의 지침을 하달하게 되는데, 주요한 요지는 대략 '협회의 교리는 군복무를 거부하는 교리가 아니다. 협회가 요구한 것도 아니며 군복무 거부는 순수하게 본인의 양심적 결정이다.'라고 법정에서 진술하기를 강조합니다.

아들을 자식으로 둔 대부분의 가정에서는 겉으로는 표현을 자제하지만 심각한 고민이 시작됩니다. 입대영장을 받은 한사람의 어린 증인이 감옥행을 결정하기까지의 영향을 주는 주변 상황으로는 회중의 권위, 부모의 입장, 회중 형제자매들의 영향 등이 있을 수 있습니다.

자신의 행동으로 인한 결과를 다양한 지식과 경험들을 빌려서 예측할 수는 있지만 미처 스스로 확신감 있게 판단하지 못하는 제한된 상황에서 소위 '격려'를 해주는 회중의 장로들과 형제들, 그리고 은근히 호감을 느끼고 있는 동년배 자매들, 자신이 감옥에 가지 않으면 장로직을 벗어야 하는 아버지... 과거 불행했던 시절의 학도의용군으로 나갈 때의 상황과 크게 다를 바 없습니다.

문제는 이것을 거부하면 증인으로 자격을 상실하게 되며 '제명' 처분을 받습니다. 아버지는 장로직을 그만두어야 하고, 일가족은 그야말로 회중성원들로부터 경계의 대상이 됩니다.

제명처분이 아니라고요? 맞습니다. 제명처분이 아닙니다. 협회는 정확히 말하자면 '이탈'처리합니다. 그렇게 워치타워는 여기에 〈언어유희〉를 사용합니다. 감옥에 가질 않고 군대에 입대하게 되면 '이탈자'로 처리하는데, 말은 다른데 내용이 같습니다. '제명'과 '이탈'은 행위의 분명 주체가 다른 것입니다. 자기 스스로 이탈했다는 것입니다.

협회는 이렇게 언어를 교묘하게 사용함으로서 혼란을 주고 있습니다. 워치타워의 공식문서에도 군복무 거부는 제명사유가 아님을 밝히고 있습니다. 이러한 상황 속에 입영영장을 받은 어린 증인으로서는 사실 생각해 볼 수 있는 겨를이 거의 없을 것입니다. 이것을 집단적 양심억압이라고 말하지 않을 수 있겠습니까? 이 젊은이들을 억압받은 양심이라고 말하지 않을 수 있겠습니까?"

이 글은 "양심을 억압받은 채로 감옥에 끌려가는 청소년들…"이라고 안타까워하면서 "이것은 소리 없는 아우성이며, 인간의 존엄성을 짓밟는 엄청난 폭력이라 하지 않을 수 없다."고 규탄하고 있다. 이어 "워치타워협회는 … 사람의 양심은 하느님께서 판단하신다는 것을 믿는다고 말하면서도 그 양심을 사람이 판단합니다. 병역거부만이 그리스도인 양심으로 인정하고 이것으로 그 사람의 신앙전반을 판단합니다. 거부하면 '이탈처리' - '영적인 사망선고'를 합니다."고 실상을 폭로한다.

그리고 이렇게 되묻는다.

"총을 들지 않으면 '감옥'에 넣겠다는 국가와 감옥에 가지 않으면 '영적인 사망선고' 처리를 하겠다는 장로들, 이중에 총을 들고 어리고 연약한 사람을 겨누고 있는 쪽은 진정 누구이겠습니까?

수혈과 관련한 피문제 등과 마찬가지로 한 번 내세운 교리를 신자들의 희생을 감수하고서라도 끝까지 구차하게 유지하려는 기만적 체면유지전략을 구사하는 워치타워 협회가 진정 '피를 가까이 하는' 조직이 아닐까요?"

여호와의 증인의 공식 홈페이지에서는 여호와의 증인이 전쟁에 참여하지 않는 이유를 아래와 같이 제시하고 있다.

1. 우리는 하느님께 순종합니다. 성경에서는 하느님을 섬기는 사람들이 "그 칼을 쳐서 보습을 만들고" "다시는 전쟁을 배우지" 않을 것이라고 알려 줍니다.—이사야 2:4.

2. 우리는 예수께 순종합니다. 예수께서는 사도 베드로에게 이렇게 말씀하셨습니다. "칼을 제자리에 도로 꽂으십시오. 칼을 잡는 사람은 모두 칼로 망할 것입니다."(마태 26:52). 이러한 말씀으로 예수께서는 자신의 제자들이 전쟁 무기를 들지 않을 것임을 알려 주셨습니다.

예수의 제자들은 '세상의 일부가 아니어야' 한다는 그분의 명령에 순종하기 위해 정치 문제에서도 엄정중립을 유지합니다(요한 17:16). 그들은 군사적 행동에 대해 항의하지 않으며 군 복무를 하려고 하는 사람들을 막지도 않습니다.

3. 우리는 사람들을 사랑합니다. 예수께서는 제자들에게 "서로 사랑하

라"는 계명을 주셨습니다(요한 13:34, 35). 그러한 사랑을 나타냄으로 그들은 어느 나라에 있는 사람들과든 형제가 되며 따라서 다른 나라에 있는 자신의 형제나 자매를 죽이는 전쟁에 결단코 참여하지 않을 것입니다.—요한첫째 3:10-12.

4. 우리는 초기 그리스도인들의 본을 따릅니다. 《종교와 전쟁 백과사전》(Encyclopedia of Religion and War)에서는 "예수의 초기 제자들이 전쟁과 군복무를 거부"했으며 그러한 행위들을 "예수께서 나타내신 사랑이라는 원칙과 적들을 사랑하라는 명령에 어긋나는 것"으로 간주했다고 기술합니다. 예수의 그 초기 제자들에 관해 독일의 신학자 페터 마인홀트는 이렇게 말했습니다. "그리스도인이 군인이 된다는 것은 도저히 있을 수 없는 일로 여겨졌다."

그리고는 대신에 '지역 사회에 공헌하는 방법'이라는 소제목 아래 "여호와의 증인은 사회에 유용한 구성원이며 자신들이 사는 나라의 안전에 위협이 되지 않습니다. 우리는 정부의 권위를 존중하는데 성경에 나오는 다음과 같은 명령 때문입니다."라고 하면서 2개의 성구를 제시하고 있다.

"위에 있는 권위에 복종하십시오."—로마 13:1.

"카이사르의 것은 카이사르에게, 하느님의 것은 하느님께 돌려드리십시오."—마태 22:21.

이에 덧 붙여서 "따라서 우리는 법을 준수하고 세금을 납부하며 공공복지를 위한 정부의 노력에 협조합니다."라고 주장한다.

하지만 '정부의 권위를 존중, 법을 준수, 세금을 납부, 공공복지를 위한 정부의 노력에 협조'와 같은 주장은 정부가 법으로 정한 병역을 거부하는 것과 모순되는 것이다.

 'i 여호와의 증인 정보카페'에는 여호와의 증인들의 병역거부 주제에 대해 "특파까지 하셨던 저희 어머니께서는 제가 성년이 될 때까지 침례를 못받게 하셨지요. 군대문제를 해결한 후에 다시 복귀하는 것이 유리하다고 판단하신 것이 아닌가 합니다."라며 병역거부를 하지 않음에 따른 제재를 피해가는 방법을 공개하는가 하면, "군대를 안가면 구원을 받는다는 어처구니없는 이론을 가르치는 집단이 사이비가 아니고 무엇일까요? 고넬료에게 심지어 성령이 내리기까지 했습니다."라고 여호와의 증인 측의 논리를 반박하는 댓글도 있다. 고넬료는 백부장으로서 군인이었다(행 10:1-22).

〈2017년 7월 26일, 교회와 신앙 기사〉

9. 여호와의 증인 신도들… '아동성추행'으로 말썽

영국 호주 미국 등 여기저기 불거져… 대대적 조사 중

여호와의 증인(JW. 여증)들이 다양한 문제들로 국제사회에 큰 파장을 일으키고 있다. 러시아에서 최근 '극단주의 종교집단' 판결을 받아 폐쇄 및 제재 조치를 당하고 있는 가운데, 영국과 호주 그리고 미국에서는 여증 회중 인사들의 과거 아동 성추행 건들이 여기저기 불거져 소속 여증 신도들과 사회의 큰 우려거리가 돼 가고 있는 것으로 영국 현지 언론 가디언이 보도했다.

여증 신도들에게서 아동 성추행 건들이 많았음에도 밖으로 드러나지 않은 이유로는 마태복음 18:16과 디모데전서 5:19에 기초한 "(객관적인) 두세 증인이 있어야 (사건이 성립) 된다."는 식의 교리 때문이라는 지적도 나오고 있다.

영국 종교단체들을 관할하는 자선위원회(CC)가 여증 본부인 대영(GB) 워치타워 성서책자협회(WTBTS) 및 산하 1,350개 회중에 대한 대대적인 조사에 나섰다. 호주에서도 비슷한 문제가 일어나 왕립 위원회가 조사에 임했고 여증의 종주국인 미국에서도 역시 유사한 사건으로 피해자들로부터 수백만 달러의 손해배상 소송이 제기된 상태다.

　이와 함께 맨체스터의 한 지역 회중의 '장로'가 상투적인 아동 성추행 (abuse) 혐의를 받아 자선위원회의 집중조사를 받고 있다. 현지 언론 가디언에 따르면, 맨체스터 뉴모스턴 왕국회관의 장로 겸 전직 이사인 조너턴 로즈 용의자는 소아성애 혐의를 받은 끝에, 자선위원회에 출두해 이제는 성인이 된 피해자들과 직접 양자간 대면 심문을 받아왔다.

　로즈는 전과자로, 지난 2014년에도 아동성추행 혐의로 9개월 징역형을 치른 바 있으나 출감한 뒤 같은 회중에 복귀하고 싶은 의도로 당시 자신을 신고했던 피해여성들과 강제적으로 대면하기도 했다. 한 피해자는 여증 통신문을 통해 '진리를 회피하려는' 사고쟁이라는 비난을 받기도 했다.

　가디언에 따르면, 문제의 여증 회중은 현재까지 위원회가 요구하는 바이 자선단체 행정상의 직권 남용이나 부정 부당 행위에 관해 밝히는 심문에 대해 '정확하고 완벽한 답변'을 아직 제공하지 못하고 있다. 자선위원회는 지난 2014년 이미 맨체스터 뉴모스턴에 대한 조사에 착수했으나 신도들의 고발소송이 회중에 의해 전복되는 통에 한동안 지연돼왔다. 여증 측은 올해 1월 마지막 소송을 취하한 바 있다.

　지난 2012년 당시 뉴모스턴 관련 조사에 따르면 A 여성 신도는 어린 시절인 지난 1990년대에 로즈 장로 겸 이사에게 성추행 당한 것으로 알려진다. 뉴모스턴 왕국회관 측은 위원회의 질의에 대해 로즈가 이제 더는 목회자적 또는 기타 직무를 수행하지 '못한다'고 답했다. 그러나 실상 로즈는 이사직만 내놓고 최근까지 다른 직무를 계속 하고 있었다.

　여증 회중 측은 그 이상의 의혹에 관해서는 모른다고 답했으나 위원회는 그들이 단지 '완벽하고 정확한 답변'을 못하고 있을 뿐, 실제로는 피해자 B가 지난 1993년 당시 로즈에게 당한 성추행 건에 관하여 한 진술에 적어도 3명의 이사들이 직간접으로 연계된 것으로 드러났다고 밝혔다. 2012년 로즈가 체포됐다는 뉴스가 나가자, B와 이웃의 딴 회중의 장로들이 함께 이 사건 의혹도 들고 일어났다. 이에 대해 뉴모스턴 장로들은 공문을 통해 B는 "진리 문제에 타협한 과거사가 있고 문제를 일으키고 다니는" 여성이라며 "믿을 만한 증인이 아니다."고 주장했다.

뉴모스턴 장로들은 또 당시 로즈는 19세, B는 15세였다며 따라서 "두 십대 청소년끼리의 사안이지 그같은 종류의 잘못된 행동(즉 아동성애 및 성추행)이 아니었다."고 덧붙였다. 로즈의 전과는 A와 제3의 피해자인 C에게 받은 혐의 때문이었다. 이와 관련, 주변의 다른 회중 장로들은 이미 로즈 장로와 관계 단절하기로 결정했다. 자선위원회가 여증 회중 측 이사들과 여증 국내 본부 측 사이의 모임에 관해 우려를 표한 뒤, 로즈는 출교 당했다.

로즈는 출감 수주 내로 항소를 했고, 항소심사위원회는 A, B, C 등 3명의 피해여성들과의 직접 대면 심문을 시도했다. B는 항소심은 당초 "피해자 중 2명이 불참하면 혐의가 기각된다는 (항소심 위원장의) 말을 들었다."고 주장했으나 추후 위원장은 그런 말을 한 기억이 없다고 밝혔다.

3시간에 걸친 가해자-피해자 대화에서, 로즈는 B에게 "내가 그날 밤 댁에게 어떤 짓을 했다는 말인가요?"라고 물었고, 한 위원은 그녀에게 "그를 꼬드긴 적은 있나요?"라고 묻기도.

위원회의 지적에 의하면, 맨체스터 뉴모스턴 회중 이사회가 위원회에 적절히 응답하지 못한 내용은 피해자 B가 내세운 성추행 의혹 건에 대한 이사회 측 입장이 전무하고, B건과 피해자 A와의 연계를 시키지 못한 상태이며, 로즈의 (회중 내) 추가 활동을 사전에 막지 않았고, 이사들 사이의 친 로즈 또는 반 로즈 감정 사이의 갈등을 고려치 않았고, 적절한 관련 기록 을 남기지 않았다는 것 등.

이와 관련 위원회는 뉴모스턴 이사회의 로즈 관련 입장 및 정책을 "부당 행위 또는 부실운영"이라고 단죄했다.

피해자 B는 가디언과의 대담에서 "내 문제를 처음 다룰 때 가해 측을 덮으려 했고 또 다른 이들이 로즈를 비난할 때도 그랬던 장로들을 (여증 측이) 제명해 주길 바란다."고 말했다. "그들은 회중과 자선위원회도 오도 시켰음이 입증됐다."는 B는 "여증 측이 한 감독관을 통해 내게 유보 없는 사과를 했음에도 다른 피해자와 가족들에겐 공적으로든 사적으로든 그 같은 사과를 하지 않고 있다."며 "자기네 행동을 뉘우치지 않고 있으며 해당 회중도 여전히 오도되고 있다."고 주장.

자선위원회의 하비 그렌빌 수석 조사법무관은 여증 측이 피해자들을 "엄청 폄하하고 실망시켰다."고 평가했다. 그는 "이사들은 피해자의 복리 를 최우선으로 삼아야 했는데도 피해의혹에 대한 반응이나 본 위원회의 조사에 대한 태도 등 그들의 행동거지에 있어 현대사회 속의 종교자선단 체에 대한 대중의 기대에 못 미쳤다."고 덧붙였다.

다만 문제의 회중은 사건 조사 심문이 시작된 이후 회중 내 아동보호 장치를 개선하는 등 노력을 보인 점만은 참작되고 있다.

러시아 여증 폐쇄 및 제재 사태에 대하여 한편으로 일말의 동정심을 보 내던 국제사회는 "이건 또 뭔가?"라는 의문의 시선을 보내고 있다. 러시 아 등 각국의 여증들은 그동안 자신들의 '순수하고' '성경적'인 교리와 '높 은 도덕적 순결' 등을 자랑해 왔다.

한편 호주에서도 56세의 전 여중 신도가 9개월 형을 받아 2개월 실형과 함께 7개월 잔형은 유예처분 받음과 동시에 2년간 모범행동을 할 것과, 200시간 지역봉사에 처해졌다. 잔형을 치른 뒤에도 추가로 2년간 모범행동을 보여야 한다. 또한 성범죄자 개선교육에도 참가해야 한다.

호주 ACT 치안법원은 범인이 43세였던 지난 2004년 방문한 동료 여중 신도의 집에 머물면서 주인 부부의 14세 딸에게 컴퓨터를 좀 켜달라고 부탁한 뒤 소녀가 컴퓨터를 작동할 수 초 동안 그녀의 엉덩이를 손으로 싸안은 채 어루만진 혐의를 받았다. 현재 이 소녀는 결혼한 성인이다.

또한 같은 부부가 결혼기념일을 자축하러 나가면서 소녀와 12살 된 그 여동생을 맡긴 동안, 동생 소녀를 무릎에 강제로 앉히고 꼭 껴안는가 하면, 소녀의 속옷 속에 손을 넣고 2-3분간 있기도 했다. 소녀의 증언에 따르면 당시 "무서워서 얼어붙는 듯" 했고 "화장실에 가야겠다."고 말한 뒤 나가면서 울었다는 것.

언니에 따르면 사건이 있었던 14세 당시 자신감과 꿈, 그리고 성공욕에 차 있었으나 이후의 삶은 전과 달라졌다. 사건 이후 10년간 자신이 지켜주지 못한 동생에게 괴리감과 자책감을 느꼈고, 자기 자신도 '아무 도움도 힘도 없는 듯' 느끼곤 했다. 또 주위의 어린이들을 볼 때마다 당시 생각이 나서 고개를 흔들게 되고 억제할 수 없는 구토감을 느낀다고 진술했다.

결혼 후엔 엄마가 되길 원했지만 계속 불면증 약을 복용해야 했기에 아기를 갖는 것이 위험했다고 토로했다. 이 여성의 동생 역시 정서붕괴감, 자기비하, 가족과의 분리감 등 비슷한 트로마를 겪어온 것으로 밝혔다.

소녀의 부모들이 해당 회중 측에 이 사실을 신고하자 회중 측은 자체 내 조사 후 범인을 출교했고 범인은 자매의 부모들에게 사과편지를 보냈

다. 범인의 변호사는 가해자가 안전과 직장을 잃게 됐으며 결혼 생활도
끊겼다고 밝혔다.

사건과 관련, 버나뎃 보스 치안판사는 부모가 12세 딸을 임시로 맡길
만큼 범인이 신뢰받는 입장이었는데도 부모가 없는 동안 소녀에게 필요
했던 신뢰만큼의 안전과 보호를 제공하지 않았다고 해석했다. 또한 해
당 여증 회중이 이 일에 휘말리고 이런 사실을 당국에 제보하지 않음으로
써 공모에 해당하게 되고, 그 결과로 피해자를 더 분노하게 만들었다고
판시했다.

호주 기관내아동성피해대책 왕립위원회(ISCSA)에 따르면 그밖에도 지난
1950년 이후 최근까지 호주 여증 산하 회중에서 모두 1,006건의 아동 성
추행 피해 건이 있었으나 단 한 건도 회중 측으로부터 신고 받지 않았다.
이유는 일부 성구(마태복음 18:16. 디모데전서 5:19)에 기초해 "(객관적인) 두세
증인이 있어야 (사건이 성립)된다."는 식의 교리 때문.

그러나 성추행 건은 가해자와 피해자인 당사자 둘 밖엔 아무도 모른
다는 것이 상식이다. 이런 교리에 따라 여호와의 증인들은 전통적으로 어
린이들을 성피해로부터 보호하지 않는다는 의혹과 손가락질을 면치 못
하고 있다.

현재 호주엔 약 65,000명의 여증 신도들과 800여 회중이 있는 것으로
자체 추산된다.

〈 2017년 8월 2일, 교회와 신앙 김정언 기자 〉

10. 여호와의 증인의 신세계역은 '극단주의 문서'

법원 판결에 따라 압수 가능케 돼… 집총거부 문제 시

여호와의 증인(여증)의 번역 성서인 《신세계역》이 '극단주의 문서'라는 판결이 나왔다. 이 판결에서 《성경과 그 중심주제》, 《성경 대신 과학?》, 《건강증진법의 다섯 가지 간단규칙》 등도 함께 극단주의 출판물로 규정됐다.

러시아 비보르그 시 법원의 드미틀 유리에비치 그리신 판사는 8월 18일 《신세계역》이 극단주의 문서의 하나로 본다는 유권해석을 내렸다. 이에 따라 이 판결이 발효될 경우, 러시아 전역에서 신세계역과 이 출판물들을 압수할 수 있게 됐다. 그러나 아직 발효 전이며, 향후 30일간 여증 측 항소의 기회가 있다.

비보르그 법원은 레닌그라드-핀란드 세관검찰의 청원을 받아들여 이번 건을 맡았다. 그리신 판사는 푸쉬킨레닌그라드대학교 민법대학 전 이사장이었고 현재 해당학과에서 박사학위 과정 중에 있다. 이 법원은 신세계역에 대한 재판을 몇 차례 연기해 오다 금번에 완결했다.

러시아 세관은 지난 2015년 7월 핀란드와의 국경에서 러시아어로 번역된 《신세계역성경》 2,013권을 압수한 뒤, 세관검찰의 알렉산데르 가니킨

검사가 "러시아연방과 일단의 사람들을 보호한다."는 명목 아래 이 발행물을 극단주의로 규정하기 위한 소송을 제기했다.

법원은 이듬해 4월 이를 받아들여 사회문화전문분석센터의 전문가들에게 분석연구를 지시했다. 결과는 21개 문항. 분석팀은 이 문서가 여중신도를 외부사회로부터 고립시키려는 의도가 있는지, 러시아의 법률로 규정된 임무 달성을 거부하게 만드는지 물음에 그렇다는 답을 했다. 특히 집총거부가 문제시됐다.

러시아는 사실 기독교, 유대교, 이슬람교, 불교의 경전을 검증할 수 없게 돼 있다. 그러나 블라디미르 푸틴 현 대통령이 2015년 '극단주의 행동과의 투쟁'용 개정안을 소개한 이후서, 검증분석팀은 다양한 생각과 검토의 과정을 거쳐 신세계역이 "성경이라는 표지가 결여됐다."고 판정했다.

검증팀은 신세계역이 극단주의라는 증거로 하나님의 이름을 '여호와'로 칭한 점, 정교회의 성경의 구약과 신약은 각각 히브리-아람어 성경과 기독교그리스어 성경으로 호칭되는 점 등을 들었다.

러시아 연방대법원은 지난 7월 17일 여호와의 증인을 극단주의 단체로 규정하고 모든 재산과 부동산을 압류하고 그 전체를 폐쇄한다는 지난 4월의 판결을 재확인한 바 있다.

〈 2017년 8월 18일, 교회와 신앙 김정언 기자 〉

11. 정통교회와 이단들의 부활관 비교

신천지, 하나님의 교회, 정명석 교주, 여호와의 증인 도긴 개긴

부활절은 그리스도인들이 성탄절보다도 더 중요하게 생각하는 절기다. 태어나는 것은 누구나 할 수 있다. 하지만 죽은 자가 죽음을 이기고 다시 살아난다는 것, 게다가 그 상태로 영원히 산다는 것은 인류 역사에 예수 외에는 없다. 부활하신 예수는 그리스도인들에게 소망을 준다. 부활하신 그분처럼 우리 또한 신령한 몸으로 다시 살아난다는 소망이다.

그런데 이러한 축제에 늘 딴죽을 피우는 무리들이 있어 왔다. 소위 도적설, 기절설, 환상설, 신화설 등을 내세우며 예수님의 부활을 거짓 사건이라고 비난하는 무리들이다. 도적설은 제자들이 무덤에서 예수님의 시체를 훔쳐갔다는 주장이고, 기절설은 예수님이 진짜 죽으신 것이 아니라 잠시 기절했다가 나타난 것이라는 주장이다. 환상설은 제자들이 흥분된 심리 상태에서 구세주의 환영을 봤다는 주장이고, 신화설은 고대 근동 국가에서 도입된 개념으로서 부활은 종교적 신화에 불과하다는 주장이다.

이러한 잘못된 주장들에 이단성 있는 단체들도 한마디씩 거들고 있다. 신천지, 안상홍 증인회, 여호와의 증인, 김풍일 씨, 정명석 교주는 도대체 예수님의 부활에 대해 어떻게 설명하고 있을까? 이단성 있는 단체들에서

발간한 자료들을 중심으로 그들의 '그리스도 부활관'만을 정리해 보았다. 이런 작업이 정통교회 성도들의 부활관을 더욱 선명하게 하는 계기가 될 것으로 사료된다.

신천지측은 "예수는 영적인 모습으로 현신하였다가 사랑하는 제자들을 등 뒤에 남겨 두고 영(구름)으로 승천하신 것이다. 그러므로 오실 때도 영으로 강림하신다"(신탄. 420-421)고 주장한다. "예수의 부활이 육적인 것이 아니고 영적인 부활이라 함이 타당할 것이다."(신탄. 424)며 매우 선명하게 그리스도의 부활이 '영적 부활'임을 강조한다.

안상홍 증인회(안증회. 하나님의 교회 세계복음선교협회)의 교주 안상홍 씨는 《천사세계에서 온 손님들》(멜기세덱출판사. 1967)이란 책에서 예수 그리스도의 부활한 몸에 대해 다음과 같이 설명한다.

"예수님의 전·후 생애는 우리들의 전·후 생애를 명백하게 알려 주신 것이다. 예수님은 태초부터 계신 선재의 영체가 있었고 한 때 마리아의 몸을 통하여 출생하시게 될 때에는 육체의 옷을 입으셨으나 십자가에서 죽으셨을 때에는 다시 영체로 분리되어 부활의 아침까지 지내셨다. 예수님의 본 선재의 영체는 절대로 죽지 않으셨다. … 그리스도께서 이 세상에 잠시 왔다가 육체의 몸을 가지고 가신다거나 변한 상태로 가셨다고 말하는 것은 예수 그리스도의 근본 진리를 이해치 못하는 것이다."(pp. 83-84).

여호와의 증인도 영만 부활했다는 주장에 있어서는 큰 차이가 없다. 여호와의 증인의 교리서 중 하나인 《성경을 사용하여 추리함》(워치타워. 1985)

을 보면 베드로전서 3장 18절을 다음과 같이 설명한다.

"'그리스도께서도 한번 죄를 위하여 죽으사 의인으로서 불의한 자를 대신하셨으니 이는 우리를 하나님 앞으로 인도하려 하심이라 육체로는 죽임을 당하시고 영으로는 살리심을 받으셨(느니라).'(예수께서 죽은 자 가운데서 부활되셨을 때, 영의 몸으로 출생하셨다"(pp. 139-140).

예수께서 육체가 아닌 영으로 부활하셨다는 것을 선명히 하기 위해 여호와의 증인측은 다음과 같은 설명도 덧붙인다.

"어떤 사람이 친구의 빚을 갚아 준 다음 즉시 다시 그 돈을 찾아간다면, 분명히 그 빚은 그대로 남아 있다. 마찬가지로, 예수께서 부활되셨을 때, 대속의 가치를 지불하기 위하여 희생으로 바쳤던 살과 피로 된 그의 인간 몸을 다시 찾으셨다면, 죄의 빚에서 충실한 자들을 구원하기 위하여 그분이 하고 계시는 마련에 무슨 효력이 있을 것인가?"(p. 295).

예수 그리스도께서 영만 부활했다는 주장은 기독교복음선교회의 교주인 정명석 씨에게서도 발견된다. 정 씨는《구원의 말씀》1권에서 다음과 같이 주장한다.

"또 예수님이 영으로 승천하였다면 그 영을 본 그대로 온다는 말씀인데 사람들은 예수님의 부활을 육체 부활로 보고 그 육체의 모습을 본 그대로 온다고 그릇되게 해석하고 있다. …감람산에서 승천하신 예수님은 영으로 승천하였다. 예수님이 승천하시는 모습을 본 제자들과 갈릴리 사람들에게 흰 옷입은 두 천사가 말하기를 너희 가운데 하늘로 올리우신 예수님은 하늘로 가심을 본 그대로 온다고 가르쳐 주었다. 영으로 갔으니 영으로 재림하신다는 것을 천사를 통해 미리 말했던 것이다."(p. 176).

장막성전에서 이탈해 나온 구인회 씨측도 김 씨와 큰 차이가 없다. 자칭 재림예수라는 구인회 씨의 제자인 최충일 씨가 쓴 《새하늘과 새땅 지상천국은 재림예수 교회에서 이루어진다》(성광출판사, 1999)에서 구 씨는 예수님의 부활에 대해 '육은 죽은 것이고 영만이 부활했다'고 주장한다. 이런 내용은 구 씨측의 책 전장에 걸쳐 나타난다.

구 씨측은 베드로전서 3장 18-19절(그리스도께서도 한번 죄를 위하여 죽으사 의인으로서 불의한 자를 대신하셨으니 이는 우리를 하나님 앞으로 인도하려 하심이라. 육체로는 죽임을 당하시고 영으로는 살리심을 받으셨으니, 저가 또한 영으로 옥에 있는 영들에게 전파하시느니라)을 다음과 같이 해석한다. 참고로 이 말씀은 여호와의 증인과 김풍일 씨측도 예수님의 부활이 영적 부활이라는 근거로 삼는 구절이다.

"예수님께서는 육체로는 죽임을 당하시고 영으로 살리심을 받으셨다 하였다. 예수님의 육체가 살아나신 것이 아니라 예수님의 영이 살아나신 것이다. 예수님의 육체가 부활하신 것이 아니라 예수님의 영이 부활하셨다는 것을 깨달아야 한다"(p. 48).

이러한 주장은 재림론으로 그대로 귀결된다. 예수님의 부활에 대해 '육은 죽은 것이고 영만이 부활했다'고 주장한 다음 예수님의 재림 또한 '영'으로서만 하는 것이란 사상으로 연결하는 것이다. 누군가의 몸속에 들어

온 것, 또는 영으로 재림했다는 말이 나오는 이유다.

　루이스 벌코프는 육체 부활을 부인하는 사람들에 대해 다음과 같이 지적한 바 있다.

　"예수 그리스도의 재림에 대한 유력한 반론은 그의 육체 부활 교리에 대한 반론과 궤를 같이 한다. 만일 육체 부활과 승천이 없다면, '하늘로부터의' 육체적 재림도 있을 수 없다."

　그렇다면 정통교회의 입장은 무엇일까?

　"죽은 자의 부활도 그와 같으니 썩을 것으로 심고 썩지 아니할 것으로 다시 살아나며 욕된 것으로 심고 영광스러운 것으로 다시 살아나며 약한 것으로 심고 강한 것으로 다시 살아나며 육의 몸으로 심고 신령한 몸으로 다시 살아나나니 육의 몸이 있은즉 또 영의 몸도 있느니라"(고전 15:42-44).

　여기서 한 가지 중요한 용어가 나온다. '신령한 몸'이다. 썩지도 않고 쇠하지도 않는 영광스럽고 강한 몸. 이 용어만큼 그리스도와 성도들의 부활을 잘 설명하는 것도 없을 것이다.
　루이스 벌코프는 《조직신학》에서 그리스도께서 부활하시며 입으신 몸은 사람들에게 쉽게 인식되지 않았고 놀랍게도 갑자기 출현할 수도 있었으며 그럼에도 그것은 물질적이고 지극히 실제적인 몸이었다고 언급하고 있다.
　박일민 교수(칼빈대학교 조직신학)는 예수님의 몸은 운명 전의 몸과 동일하면서도 큰 변화가 있는 몸이었다고 말한다. 예수님은 운명하기 이전의 모습 그대로 부활을 하셔서 그 몸으로 제자들과 이야기를 하시고, 음식을 잡수셨다. 제자들은 그 모습을 그들의 눈과 손으로 분명하게 확인했다. 그러나 한편으로 부활하신 예수님의 몸에는 큰 변화가 있었다. 부활하신 예수님은 잠긴 문을 통과하셨고 구름을 타고 하늘로 올라가시기도 했다. 부활하신 예수님의 이토록 변화된 모습 때문에, 무덤을 찾았던 여인들이나 엠마오로 가던 제자들은 예수님을 몰라보기까지 했다. 예수님은 돌아가셨던 그 몸으로 부활하셨지만 영광스러우며, 강하고, 신령한, 어떤 변화가 현저하게 일어난 부활체였다.

성기호 박사(전 성결대 총장)는 이러한 예수님의 부활체를 통해 성도들이 죽음 그 이후에 어떤 상태로 변화할 것인지 짐작할 수 있다고 말한다. 그리스도인들은 죽음 그 이후, 썩지도, 쇠하지도 않는 '신령한 몸'으로 다시 살아난다. 그때는 고칠 수 없는 병에 걸려 고통 하는 일도, 늙는 것을 두려워하지도, 사랑하는 사람을 뺏겨 통곡하는 일도 없을 것이다 는 설명이다.

성도들도 예수님의 영광스러운 몸처럼 변화를 받을 것이다. 이 세상 소풍 끝나는 날 우리들의 눈에선 모든 눈물이 씻길 것이고 사망이나 애통하는 것이나 곡하는 것이나 아픈 것이 다시 있지 않는 새로운 세상을 맞이하게 될지니. 보라 그 날이 곧 다가 오리라. 할렐루야!!

〈2018년 3월 31일, 기독교포털뉴스 정윤석 기자〉

여호와의 증인 이탈 간증

"거짓 교리와 미혹의 영에 속아 충성"

여호와의 증인에서 목회자 된 노요한 목사

2010년 06월 14일 (월) 05:56:11
교회와신앙 webmaster@amennews.com

1970년대 초반에 워치타워 여호와의 증인에 발을 들여놓게 되었습니다. 그 때부터 전 광풍처럼 이 조직 속으로 휩쓸려 들어가게 되었는데 한동안 정말 꿈같은 나날들을 보내게 되었습니다. 저의 모든 꿈과 소망과 기대가 이 조직 안에서 이루어지고 성취되고 저를 만족케 할 것이라는 환상이 들면서 더 이상 세상의 것은 눈에 들어오지 않았습니다.

3년 동안의 희열과 기쁨

세상 물질 명예 권세 부귀영화가 물거품처럼 사라져 버리는 것을 체험하며, 제 안에서 잉태되어 자라난 지상낙원에 대한 소망이 저의 전 인생과 미래를 투자해도 아깝지 않을 정도로 낙원은 저의 목적이요, 소망이요, 믿음이었습니다. 저는 세상의 모든 것을 다 얻은 희열과 기쁨에 도취되어 보낼 수 있었습니다.

'약 3년 동안은 말입니다.'

이 집단이야말로 하나님이 말세에 남겨두신 깨끗하고 정직한 단 하나, 참 종교의 남은 자 교회로구나!' 이 종교 조직을 알게 하신 하나님께 얼마나 감사했는지 모릅니다. 한없는 감사와 감격 속에서 살았습니다.

'왜 내가 진작 이 조직에 들어오지 못했나!' 하는 아쉬움을 곱씹으며 말입니다. 저의 믿음은 하늘을 찌를 듯 했고 한 때는 먹지 않아도 배가 고프지 않을 정도로 낙원의 기쁨을 맛보는 체험도 했습니다. 성경만 보고 있으면 그것이 천국이요, 저에게 최고의 꿈같은 시간이 되어 주었습니다.

제가 이 조직을 위하여 목숨 걸고 충성해야 하겠다는 의협심(義俠心)은 제 인생을 포기하게 할 정도로 맹목적인 추종자가 되게 하였습니다. 그때마다 오래된 분들에게 넌지시 듣게 되는 충고 아닌 충고는 "너무 열심을 내지 않는 것이 일상에 좋을 거야?"라는 식의 말이었습니다.

이 말이 무엇을 의미하고 있는지는 나중에야 알게 되었답니다. 역시 신념과 사상은 어떤 틈만 생기면 모든 구조가 마치 피라미드처럼 연결되어 있기에 와르르 무너지는 취약점이 있습니다. 시간이 지나면서 참 신앙과 신념은 그 정체를 서서히 드러내게 되어 있습니다. 그간 근근이 명목만 유지하는 그런 종교생활이 반복될 뿐이지요. 이 조직에 들어 온지 3년 이후부터는 말입니다. 이것이 모든 이단의 피할 수 없는 함정이요. 이를 감추기 위하여 스스로 외골수로 빠지고 독단에 흐를 수밖에 없는 치명적 오류입니다.

서서히 드러난 교리의 조작

이제 10년이란 조직 생활에서 가졌던 신앙심마저 다 까먹고 남은 것은 그저 성경을 아전인수(我田引水) 격으로 풀어대는 잔재주와 이중성으로 내 영혼은 피곤하여 지쳐 버리고 그날그날 연명하는 종교 생활에 환멸을 느끼게 된 것입니다. 증인들이 당연히 거치는 과정이라 생각하지만, 노련한 여호와의 증인의 균형 잡힌 신앙생활이란 이름으로 자기를 속이는 이중성이 여기에서 형성되게 되어 있으며, 언제나 겉과 속이 다른 근사한 외식이 자리 잡게 되는 것입니다.

또 다른 경우는 "이것이 아닌데" 하면서 한 발을 빼고 언제든지 도망칠 궁리를 하게 되는 것이 뭐 정해진 코스이지만, 누구하나 이를 내색하는 자는 찾으려야 찾을 수 없는 겁니다. 왜 얼마나 자신들의 종교적 신념을 가식화 하는지 이것이 체질화 되었기에 어느 누구도 감히 조직에 불만을 갖게 되거나 교리에 이의를 제기할 자가 있을 것이라고는 상상조차 못하고 지내는 것이 솔직한 표현입니다.

만일 그런 내색을 보인자가 있다면 그때부터 그 사람은 어느새 부터인가(?) 지목의 대상이 되고 경계의 대상이 되어 그를 주시하게 되는 그야말로 저 동토의 나라에서나 있을 법한 감시체계가 작동하는 것이 바로 워치타워의 체계입니다. 언제 여호와의 증인이 다른 종교 조직에 대하여 진지하게 연구는 해 보았나요? 그저 우물 안 개구리 식으로 내 것에 갇혀 내 것만 옳다고 주장하는 자들이 다른 종교에서 무엇을 어떻게 가르치고 있는지 진지하게 연구하는 자세마저 저들에겐 없는 것입니다.

결국 통치체의 일방적인 독주와 비성경적임을 지적한 나는 그 조직에서 견디지 못하고 조직은 배교자란 누명을 씌워 추방 시키게 된 것이지요. 너무나 우스운 것은 사법위원이란 자들이 나에게 와서 확인한 것이라고는 "당신은 통치체를 유일한 신권조직이라고 믿고 있는가?"라는 질문이었습니다.

인간이 만든 조직이 절대 기준

지금 와서 생각되는 것이지만, "예수가 하나님의 아들이심을 믿는가?"라고 묻지 않았던 것이 너무 다행스런 일입니다. 이들 스스로 자신들이 인간이 만든 통치체의 조종을 받고 있는 배교자 집단임을 자인한 꼴입니다. 참과 거짓의 기준이 인간이 만든 조직이 하나님의 절대적인 신권조직임을 믿는지 안 믿는지로 결정되다니요? 이러고도 여호와의 증인이 성경을 믿고 있는 참 종교라고 주장하고 있다는 사실 자체가 부끄러울 뿐이요. 잠시 동안이나 이곳이 참 조직이라 믿었던 제 자신이 한심스럽기 짝이 없는 것입니다.

그러나 감히 이 조직을 박차고 나갈 엄두는 내지 못했죠. 아니 그럴 용기마저 없었습니다. 아무리 조직이 부패하고 썩었을지라도 여기에 뼈를 묻을 각오로 전적 헌신을 해 온 터라 달리 생각을 할 여지가 없는 것입니다. 죽으나 사나! 여기서 떠날 수는 없지 않은가요? 늘 언제나 여호와증인 조직에서 사건이 터질 때마다 위로 아닌 위로를 삼는 성구가 있습니다. "주여 우리가 어디로 가리이까?" 베드로의 '쿠오바디스 도미네'(quovadis domine)도 아니고 체념에서부터 터져 나오는 절규입니다.

이 조직이 잘못 된 것도 알고, 거짓 예언을 한 것도 알고, 사랑이 없는 것도, 진실성이 없는 것도 알지만 그래도 이 조직만한 곳이 어디 있겠는가? "당신들이 이 조직을 떠나서 어디로 갈 곳이 있단 말인가?"란 협회의 질문에 아무도 다른 곳에는 참이 존재할 수 있다고, 아니 있을 수 있다고 생각하는 자가 없었습니다(대단한 세뇌의 결과이죠).

결국 이 조직이 참이기 때문에 머물러 있는 것이 아니라 갈 데가 없어 못가고 있는 그 신세가 너무 안타깝기만 했답니다. 그래서 저는 더 이상 거짓 종교집단에 더 이상 머물 수 없다고 스스로 박차고 나온 것이 아니라 자의반 타의반으로 여호와의 증인 조직을 어쩔 수 없이 떠나게 됩니다.

애정 쏟은 조직 나오다

10년 이상이나 애정을 쏟은 이 조직에서 떠나는 것을 너무나 아쉬워하며 말입니다. 이래서 하나님의 은혜 없이는 도저히 이단에서 빠져 나올 수 없다는 겁니다. 예수님을 부인하고 하나님의 은혜를 거부하는 자들이 자력으로 구원을 이루어 보겠다고 하면서 도달하게 되는 곳이 바로 이단입니다. 하나님의 주권과 은혜는 간곳이 없고 인본주의가 판을 치는 곳 어설픈 논리와 이론과 사상으로 사람들을 세뇌시키고 의식화 시켜 하나의 생각으로 묶어 버려 인간의 이성을 말살시키는 곳이 바로 이단 사이비 집단입니다.

아마도 저를 이렇게 쳐 내지 않았다면 지금도 난 그 조직을 감히 제 발로 떠나지 못했을 겁니다. 하나님의 강권적인 은혜 역사 없이는 도저히 이곳을 빠져 나올 수 없는 곳, 아니 빠져 나온다 할지라도 기독교 복음을 받아들일 확률은 0.1%도 안 된다는 것임을 알게 되었습니다.

이렇게 되어 갑자기 배교자로 낙인찍히는 영광의 상처를 안고 살게 되었지요. 이 사건으로 인하여 왜 여호와의 증인은 사상이 의심되는 자를 제명시키고 단교의 쓴맛을 보게 하는지 알 수 있었습니다. 정말로 말 그대로 '조직의 쓴맛'을 보여준 것입니다. 너무나 견디기 어려운 외톨박이 신세, 그리고 이상하게 보는 눈초리 아마도 왕따의 원조가 아닐까 생각될 정도로 차가운 형제들의 시선은 참기 어려운 고통이었으며, 인격 모독 그 자체였습니다. 이렇게 하여 당사자는 스스로 격리 시키고, 회중 형제들의 접근을 차단시켜 조직의 와해를 미연에 방지하려는 고도의 전략인 것입니다.

종교를 떠나게 된 것도 서글픈 일인데 절대적으로 교제를 끊게 하여 스스로 자포자기 세상에서 타락으로 떨어지든가? 아니면 "제가 죽을죄를 졌습니다."라고 사죄하고 다시 그 치욕을 감수하고 조직 안으로 들어오든가? 양자택일 하게 하려는 것이 숨겨진 음모입니다. 여기에 그리스도인의 사랑도 가족 형제지간의 정도 다 끊어버려야 하는 냉혹함만이 존재할 뿐입니다.

배교가 전화위복

어느새 저는 여호와의 증인 배교자가 되었고. 절대로 가까이 하면 안되는 사람으로 낙인 찍혀있었습니다. 그러나 이것이 전화위복인가요? 아무튼 자의반 타의반 이 조직을 떠나게 되었습니다. 처음엔 얼마나 서운했던지, 못이기는 척하며 "'통치체'가 하나님의 유일한 신권조직이라는 것을 믿는다."며 조직에 머물러 있을 걸 하며 후회도 했답니다. 이토록 이단의 사상은 뿌리 깊게 자리 잡고 인간의 정을 파고들고 있다는 사실을 알게 되었던 것입니다.

이 조직을 떠난 제겐 창조주에 대한 신앙심이 없음이 밑바닥처럼 드러나 버리고 결국 조직 사상에 물들고 관념에 포로가 되었음을 직감할 수 있게 된 것입니다. 조직을 떠나서는 어떤 것 하나 스스로 내 주 예수 그리스도에 대하여 믿고 고백하는 신앙이 아예 없다는 거예요. '아하! 그 동안 예수를 믿은 것이 아니라 인간 조직을 믿고 신뢰 했구나?'라고 깨닫게 되는 순간이었지요. 아주 쓰디쓴 경험을 통해서 말입니다.

인본주의적인 시각과 인간적인 시각으로 성경을 보다가 지쳐서 그만, 회의론자가 되고 맙니다. 구세주 예수 그리스도에 대한 개인적인 믿음은 찾으려야 찾을 수조차 없을 정도로 불신자였습니다. 여기도 저기도 함께 할 수 없는 그런 신세가 되고 맙니다.

이스라엘 백성들이 애굽의 노예에서 해방되어 가나안을 향하여 나갔지만 광야에서 모세에게 우리를 왜 여기까지 이끌어 내서 이런 고생을 하게 하냐고 불만을 토로한 것처럼 조직을 박차고 나온 내 자신이 한심하기까지 할 정도로 나는 깊은 수렁에서 헤어나지 못하고 있었지요. 결국 나의 신앙의 혼돈의 계절은 쉽게 끝나지 않을 것 같았습니다.

진리에 대한 고독한 싸움

이때부터 진리에 대한 외롭고 고독한 싸움이 시작되었습니다. 참으로 이상한 것은 제가 발을 디딘 곳마다 기독교의 은혜 복음은 아니고 다 이단의 그림자가 넘실거리는 행위구원론의 가르침이 있는 그런 종교 집단들이었다는 것이지요. 이단은 잘 빠지는 체질(특성)이 있으며, 이단은 사상이요, 하나님의 영의 역사라는 것을 철저하게 배우게 하셨습니다. 스스로의 연구로 성경을 깨달을 수 있고, 제가 언제든지 하나님을 만날 수 있고, 제가 노력하여 구원에 이를 수 있다는 이 생각이 죄요 바로 회개해야 할 그 불순종임을 알게 하셨던 겁니다.

제가 연구해서 깨달을 수 있는 것이 아니라 성령이 임해야 하며, 제가 하나님을 언제든지 만날 수 있는 것이 아니라 하나님이 나를 택하시고 사랑해 주셔야 하며, 스스로 노력해서 구원에 이르는 것이 아니라 우리는 할 수 없기 때문에 예수가 오셔서 제 대신 죽어 주시고 피 흘려 속죄해 주신 그 은혜를 믿고 거저 받게 되는 것이 구원임을 알게 하셨던 것입니다.

드디어 인간의 노력만으로 진리에 이를 수 없음을 처절하게 깨닫게 되면서 주님 앞에 항복하게 됩니다. 이 깊은 방황의 늪에서 벗어나 구세주 예수 앞에 서게 하였으며, 제 자신의 실존을 보게 하였습니다. 주님을 만나는 체험과 더불어 제가 죄인인 것이 실감이 나고, 이제까지 찾아 헤매던 때에 그 하나님은 이미 제게 와 계셨습니다. 구원은 노력하여 얻게 되는 것이 아니라 이미 예수가 이루신 구원을 믿음으로 받아들일 때, 내 것이 된다는 사실과 왜 그토록 삼위일체 하나님이 믿어지지 않았던가? 왜 그토록 하나님의 은혜를 모르고 행위구원에 집착하게 되었던가? 이것이 바로 죄라는 사실을 실감하게 하신 것이지요. 회개란 바로 어떤 죄지은 것 하나 반성하는 것이 아니라 자신의 노력으로 구원을 이루려 했고, 내 힘으로 율법을 지키려 했으며, 내가 하나님처럼 될 수 있다는 이 교만이었다는 것을 깨닫게 하신 것입니다.

오직 은혜의 선물

모든 것이 일시에 믿어지고 깨닫게 하시는 은총의 역사가 나타나게 되었던 것입니다. 진리는 제가 성경을 풀어 해석해 내는 것이 아니라 제가 죄인임이 성경에 의하여 해석되는 것이며 하나님의 조명에 의하여 내가 구원 받아야 할 타락한 죄인임이 폭로되는 것임을 깨닫게 된 것입니다. 나의 긴 방황의 터널을 지나가는 순간입니다.

드디어 하나님 앞에 무릎 꿇고 진리는 제가 연구하고 탐구해서 얻어지는 것이 아니고, 진리의 조명 아래 내가 회개할 자로 드러나야 하는 존재임을 알게 될 때만이 주님은 나의 구세주로 나타나게 되어 있다는 진리가 믿어지게 된 것입니다.

이것을 간단하게 표현했지만, 이단 사상에 찌들었던 종교의 위선을 벗게 된 것은 오직 하나님의 은혜였으며, 이 질긴 이단의 영을 떨쳐버릴 수 있게 된 것도 오직 물 붓듯이 부어주시는 성령의 은혜 때문이었습니다.

여호와의 증인에서 그리스도인으로

조경숙(가명)

저는 신앙이 전혀 없는 가정에서 자라나 초등학교 시절 친구 따라 교회를 잠시 다닌 적이 있으나 신앙이 없는 불신자였습니다.

제가 중학교 3학년 되던 해 어느 날이었습니다. 집으로 여호와의 증인들이 찾아 왔습니다. 여호와의 증인들은 중학교 3학년이었던 저에게 간절하게 성경공부를 권하였습니다. 남의 부탁을 잘 거절하지 못하는 성격이었던 저는 여호와의 증인의 집요한 권유에 거절을 못하고 성경공부를 하게 되었습니다. 이것이 제가 여호와의 증인에 첫발을 디디게 된 과정이었습니다.

부모님 몰래 성경공부를 하기 시작했고, 여호와의 증인의 교리 책 한권을 마칠 때 쯤 '왕국회관'이라는 곳에 가서 집회도 참석했습니다. 성경에 무지했던 저는 그들의 교리를 그대로 흡수하고 받아들이게 되었고 여호와의 증인의 교리에 세뇌되어 여호와의 증인 신도가 되었습니다.

여호와의 증인의 교리는 철저하게 율법을 지켜야 구원받는다는 율법주의, 행위주의 구원론이었습니다. 여호와의 증인 신도들은 구원받기 위해서 율법을 준수하고 철저히 헌신하는 삶을 살게 됩니다. 여호와의 증인에서는 자신들의 교리적인 행위에 벗어나게 되면 제명을 하기도 했습니다.

당시 여호와의 증인들은 1914년 제1차 세계대전을 본 세대가 다 죽기 전에 아마겟돈 전쟁이 일어나 많은 사람들이 죽게 될 것이며, 세상의 모든 정부는 없어지고 이 세상은 여호와의 증인의 왕국으로 통일 될 것이라고 하였습니다.

이 세상은 아마겟돈 전쟁으로 여호와의 증인만이 살아남아 이 땅이 지상낙원이 되어 젊음을 유지하며 늙지 않고 영원히 살게 된다는 교리를 배웠습니다. 여호와의 증인의 이러한 교리를 배운 저는 이 세상이 이제 얼마 남지 않았다고 생각하고 여호와의 증인 신앙에 열심 하였습니다.

그리고 특히 새롭게 느끼며 배웠던 교리는 사람이 죽으면 영혼도 함께 죽는다는 교리이며 영혼이 죽고 없기 때문에 지옥도 없다는 교리였습니다. 사랑의 하나님이 영혼들을 지옥에서 영원히 고통 받게 하시겠느냐는 것입니다.

이러한 교리들을 배운 저는 여호와의 증인 교리만이 진리임을 확신하였습니다. 일 년 여의 시간이 흐르던 중 부모님에게 발각이 되어 심한 반대에 부딪쳤습니다. 어린 나이였던 저는 부모님의 반대에 이기지 못하고 어쩔 수 없이 도중에 포기하고 여호와의 증인 모임에 가지 못했습니다. 그러나 여호와의 증인에서 배운 교리들은 그대로 가지고 있었던 것입니다. 이것이 저의 여호와의 증인의 1차 신앙생활이었습니다.

그 후 시간이 흘러 저는 결혼을 하게 되고 남편의 권유로 교회에 나가게 되었습니다. 교회에 다니면서도 바른 신앙을 가지지 못하고 여호와의 증인의 교리가 옳은 것으로 생각되고 있었습니다. 교회에 다니면서 은혜를 받지 못하며 십일조 생활에도 부담을 느끼게 되었습니다.

첫째 딸이 백일이 지날 무렵 여호와의 증인이 저의 집으로 전도를 오게 됐습니다. 제 마음속엔 여호와의 증인만이 참 종교라는 생각이 있어서인지 그들과 대화를 하게 됐고, 다시 성경공부를 시작하게 됐습니다. 특히 십일조 제도는 폐지되었기 때문에 십일조를 드릴 필요가 없다는 여호와의 증인의 말에 더 마음이 끌렸습니다. 남편 모르게 여호와의 증인의 집회도 나가기 시작했고, 전도도 함께 따라다니기도 했습니다. 이제는 확실한 여호와의 증인이 다시 된 것입니다.

여호와의 증인들은 전도하는 시간 양에 따라서 직급처럼 명칭이 붙습니다. 직급이 높을수록 시간을 채워야 하는 양이 많아질 수밖에 없습니다. 전도를 잘하기 위해서 각자 준비를 해오면 집회시간에 앞에 나가 실전처럼 대사 연기를 하며 철저하게 훈련을 합니다.

저는 앞으로 세상이 얼마 남지 않았다는 생각으로 지상낙원을 기대하며 열심히 활동하였습니다. 저는 여호와의 증인으로 전도 활동을 열심히 하던 중 남편이 알게 되었습니다. 남편은 철저하게 반대하였습니다. 그러나 이제는 여호와의 증인을 포기할 수가 없었습니다. 남편과 계속 싸울 수밖에 없었습니다. 남편은 불신자이지만 여호와의 증인을 반대하였고 저는 여호와의 증인을 포기하지 않았습니다. 그렇게 싸우며 힘겨운 날들을 보내던 중, 남편은 이단 상담을 하는 상록교회를 알게 되었습니다. 남편이 상록교회 이단 상담소에 이단 상담을 신청했고 저는 이단 상담을 받게 되었습니다.

이단 상담을 통해 여호와의 증인의 교리를 차근차근 배우기 시작했습니다. 하나하나 배울 때 여호와의 증인의 교리들이 무너져 내렸습니다. 삼위일체, 재림, 왕국, 피 문제 등 여호와의 증인 교리가 터무니없는 그들만의 어리석은 주장이라는 것을 깨닫게 되었습니다. 여호와의 증인들이 주장하는 원어들을 잘못 해석한 것을 확인할 수가 있었습니다. 그리고 성경을 한 부분 한 구절만 보는 게 아니라 그 장과 전체적인 내용을 보게 되니 여호와의 증인의 교리가 잘못된 것임을 확실하게 알게 되었습니다.

특히 이단 상담을 통하여 복음을 듣게 되었고 예수님께서 나의 죄를 속죄하시기 위하여 나를 위해 죽으셨다는 사실을 믿게 되었습니다. 저는 십자가의 구속을 나의 것으로 받아들이고 구원을 받게 되었습니다. 오직 나의 유일한 구원자 되시는 예수님을 나의 구주로 영접한 것입니다. 저는 여호와의 증인에서 구원받은 그리스도인이 된 것입니다. 철저하게 율법을 지키고 실적을 쌓아야 구원을 받는다는 여호와의 증인들은 구원의 은혜를 알지 못합니다. 행위주의자, 율법주의자였던 저를 은혜로 구원해 주신 하나님을 찬양합니다.

저의 어리석은 선택으로 인해 부모님 가슴에 못을 박았고, 남편에게도 너무 마음을 아프게 해 정말 미안하고 포기하지 않고 견뎌줘서 고마운 마음을 전합니다.

구원은 나의 행위가 아닌 예수 그리스도를 믿음으로써, 전적인 하나님의 은혜로 받는다는 복음을 깨닫게 해주신 하나님께 감사와 영광을 돌립니다.

여호와의 증인의 정체와 상담

초판 발행 2020년 1월 30일

지은이 | 진용식
펴낸이 | 박종태
펴낸곳 | 비전북
출판등록 | 2011년 2월 22일(제96-2011-000038호)

마케팅 | 강한덕 박상진 박다혜
관리 | 정문구 정광석 이나리 김태영 박현석 김신근
주 소 : 경기도 고양시 일산서구 송산로 499-10(덕이동)
전 화 : (031) 907-3927
팩 스 : (031) 905-3927

책임편집 : 드림북
표지디자인 : 최승협
본문디자인 : 민상기
인쇄 및 제본 : 예림인쇄

공급처 : (주) 비전북
전 화 : (031) 907-3927
팩 스 : (031) 905-3927

ISBN 978-11-86387-35-1

이 도서의 국립중앙도서관 출판예정도서목록(CIP)은 서지정보유통지원시스템
홈페이지(http://seoji.nl.go.kr)와 국가자료공동목록시스템
(http://www.nl.go.kr/kolisnet)에서 이용하실 수 있습니다.
(CIP제어번호: CIP2018002547)